세상의 모든 미술 수업

세상의 모든

미술 수업

유홍준
목수현
우정아
이성원
김이삭
주리애
송혜승
김중석
이재경
노길상

창비

차례

미술, 마음을 여는 문

　고등학생 때 미술 시간에 모델을 선 적이 있다. 미술 선생님께서 앞으로 나와 교탁에 앉아 있으라 하셨고 아이들은 내 모습을 보고 저마다 한 시간 동안 그림을 그렸다. 처음으로 그림의 대상이 되어 어색하기도 했지만 내심 흥미롭기도 해서, 수업 시간이 끝나고 아이들한테 그림을 줄 수 있는지 요청했다. 나를 그린 그림이라니! 몇몇 아이는 흔쾌히 주었고, 몇몇 아이는 거절했다. 받은 그림을 보니 나와 닮기도 하고 닮지 않기도 했다. 아이들마다 솜씨가 달라서 그런 것도 있었겠지만, 그들이 보는 내가 제각기 달랐고 그들이 인물을 표현하는 방식도 제각기 달랐기 때문이었을 것이다. 이렇듯 같은 대상을 두고도 저마다 보는 것이 다르고 표현하는 것도 다르다.

　대상을 본다는 것, 대상을 시각적으로 인식한다는 것, 대상을 그리거나 만들면서 표현한다는 것은 미술의 기본적인 틀이다. 대상을 그리기 위해 관찰하고 분석하고 파악하면서 우리는 그 속내를 더듬어 간다. 그 대상이 '나'라면, 나를 관찰하고 내 마음을, 내 기억을, 내 생각을 끌어낼 수 있다. 다친 마음을 그림을 그리면서 보듬기도 하고, 평생 표현해 본 적 없는 자신을 드러내 볼 수도 있다. 그것은 미술을 통해 마음에 말을 거는 일일 것이다. 미술을 통해 나와 대화해 보는 것이다.

미술은 사람들과의 대화도 가능하게 한다. 내 마음을, 내 생각을 표현한 작품으로 사람들에게 말을 건네기도 한다. 작품을 보면서 우리는 그 작가의 생각을 읽고, 마음을 느끼고 공감하게 된다. 서로 의견을 나누며 같음과 다름을 이해할 수 있다. 그렇게 미술은 세상과 대화할 수 있게 한다.

미술을 통해 역사와도 대화할 수 있다. 바위에 새겨진 암각화를 통해 고래를 잡으려던 선사 시대 사람들의 염원을 느껴 보고, 빗살무늬 토기를 빚었던 사람의 손길을 마주할 수도 있다. 우뚝 선 탑을 보고 그 웅장함에 감탄하며 이런 기념비적인 탑을 세우고 빌었던 사람들을 생각해 보기도 한다.

『세상의 모든 미술 수업』에 실린 열 편의 글은 여러 가지 형태로 미술 수업을 했던 교수자들의 글이지만, 그들이 미술 수업을 통해 학생들과 어떻게 마음을 나누었는지를 이야기하고 있다. 세상과 격리되어 있던 아이들, 마음의 문을 닫았던 아이들, 배움을 놓친 채 세월의 끝을 견디고 있던 할머니들이 미술을 통해 점차 마음을 열어 갔던 이야기들이 펼쳐진다.

나는 미술을 통해 마음을 열어 보았을까? 미술이라는 것을 가르치고 배우며 무엇을 나누고 어디로 나아가고자 했을까?

이 책은 '미술'을 누군가와 '수업' 형태로 함께하는 분들에게, 그리고 제도화되고 형식화된 수업으로는 아니더라도 어디에서나 무언가를 시각적으로 인식하고 표현하며 자기 자신과, 남과, 세계와 마음을 열고 나누는 활동을 하고 있는 분들에게 같은 질문을 던져 보고자 기획되었다. 정답이 없는 질문이기에 해답을 구하는 건 결국 각자의 몫으로 남는다. 하지만 함께 질문하고 고민해 보는 과정에, 다양한 현장과 실천 속에 해답이 숨어 있다는 생각으로 학교 밖의 여러 자리에서 미술 혹은 미술 수업을 하고 있는 분들의 이야기를 모아 공유하는 것은 매우 의미 있는 시도일 것이다.

이 책에는 미술사학자, 미술관 운영자, 미술치료 연구자, 그림책 작가, 미술 교사 등이 학교와 강단뿐 아니라 그 밖에서, 미술관과 도서관, 맹아 학교, 소년원 등지에서 출신과 세대, 여건과 관심이 다양한 사람들과 미술을 매개로 만나 온 시간과 행위가 담겨 있다. 그 시간과 행위에 켜켜이 쌓인 고민과 실천, 그리고 거기서 피어나는 영감이 여러분에게 가닿기를 바란다. 여러분이 앞으로 만날, 꾸려 갈 미술 시간이 더 많은 대화로 마음을 열며 소통하는 시간이 되길 바란다.

2024년 2월
글쓴이를 대표하여 목수현

나의 체험적
미술 교육 이야기
실기와 이론, 창작과 감상의 조화

■▲▲●

유 홍 준

미술 평론가, 미술사학자. 영남대학교 교수 및 박물관장, 문화재
청장을 역임했다. 1985년부터 2000년까지 서울과 대구에서 젊
은이를 위한 한국 미술사 공개 강좌를 개설하고, '한국 문화유산
답사회'를 이끌었다. 『나의 문화유산답사기』(국내 편 1-12, 일본 편
1-5, 중국 편 1-3), 『유홍준의 한국미술사 강의』(1-6), 『다시 현실과
전통의 지평에서』 등을 썼다.

#거리의 미술 수업 #이론과 실기의 조화

■▲▲◉

1

영남대학교에서 나는 조형대학 동양화과 소속 교수였다. '소속'이라는 것은 사람의 행동과 사고를 묶어 두는 속성이 있어 나 자신은 스스로를 미술 평론가이자 미술사가라고 생각했지만, 장래에 화가가 되기를 희망하여 동양화 실기 교육을 받고 있는 우리과 학생들을 위해 무엇을 할 수 있는가를 따로 생각하지 않을 수 없었다. 같은 한국 미술사라도 미술사학과 교수로서 가르치는 것과 동양화과 교수로서 가르치는 것에 차이가 있어야 했던 것이다.

조선 시대 도자사의 경우 미술사학과 학생들에게는 양식사로서 편년을 강조하여 조선 전기, 중기, 후기, 말기의 백자가 어떻게 변해 갔는가를 미세하게 가르쳤지만, 동양화과 학생들에게는 조선 백자가 얼마나 다양한 아름다움을 보여 주는가를 강조하며 가르쳤다.

학기 말 시험 문제도 달랐다. 본래 시험 문제란 교

수의 교육 방향을 집약적으로 보여 주게 마련인데, 미술사학과 학생들에게는 백자 한 점이 지닌 양식적 특징을 논하라고 하였고, 동양화과 학생들에게는 그 유물의 아름다움에 대해 느낀 바를 설명하라는 문제를 출제하였다. 그리고 미술사학과 학생 답안지는 그가 조선 시대 백자의 전개 상황을 얼마나 숙지하고 있는가를 중심으로 채점하고, 동양화과 학생 답안지는 그의 조형적 사고가 어느 수준인가를 평가하였다.

당시 나는 시험 문제를 낼 때 세 문제 중 두 문제는 공부했어야 쓸 수 있는 것으로 하고, 한 문제는 수업을 듣기만 했으면 쓸 수 있는, 그러나 답안지를 오래 붙들고 앉아 있게 만드는 문제를 출제했다.

한번은 세 번째 문제를 "조선 시대 백자 중 최고의 명작이라고 생각하는 작품을 하나 고르고, 그 이유에 대해 설명하시오."라고 출제한 적이 있다. 이에 미술사학과 학생들은 조선 전기 '백자 청화매죽문 항아리' 또는 조선 후기 '백자 철화포도문 항아리' 등 유물의 명칭을 정확히 지목하며 시대 양식과 함께 그 항아리의 기형, 문양, 빛깔을 설명하면서 답안지를 작성하였다.

그런데 한 동양화과 학생은 조선 전기의 '백자 철

화끈무늬 병'이 마음에 들었던 모양인데 이 유물의 명칭을 미술사적으로 말하는 법을 몰랐던지 이렇게 답안을 시작하였다.

"샘, 저는 유물 명칭을 뭐라고 하는지는 모르지만 '백자 넥타이 병'이 최고라고 생각합니다. 그 옛날에 이렇게 멋진 문양을 그렸다는 것이 신기하기만 합니다."

나는 그 학생의 답안지에 A+를 부여하였다.

2

어느 해인가 동양화과 2학년 2학기에 개설된 한국 미술사 과목 중간고사 때 이야기이다. 미술대학에는 재수는 기본이고 삼수까지 하고서야 입학하는 학생이 많다. 석고 데생과 정물 수채화 훈련을 받는 과정에서 생기는 연륜이 필요하기 때문이다. 그래서 고1 때부터 미술 수업을 시작하면 3년, 4년, 5년을 여기에 매달린다. 그리고 미술대학에 입학해서도 다시 기초부터 소묘를 배운다.

◆ **백자 철화끈무늬 병**(높이 31.4㎝, 입지름 7㎝, 밑지름 10.6㎝/조선 후기)
　한 동양화과 학생은 이 병의 명칭을 몰랐던지 답안지에 '백자 넥타이 병'
　이라고 써서 제출하였다.

화가가 되고 싶어서 그림 공부를 시작했는데 정작 화가로서 상상력을 맘껏 발휘해 볼 자유 창작 기회를 대학교, 그것도 고학년이 되어서야 갖게 되는 것이다. 그 지루한 과정은 어쩌면 장인적 훈련으로 감내해야 하는 것이기도 하다. 그러나 마음 한쪽엔 신나게 그려 보고 싶은 예술적 충동은 늘 품고 있는 것이다.

나는 우리 학생들에게 '그릴 수 있는 기회'를 주고 싶었다. 그때 마침 나는 영남대 박물관장으로 학교가 자랑하는 민속원도 관리하고 있었다. 영남대 민속원에는 안동 수몰 지구에서 옮겨 온 구계서원과 오십여 칸의 양반 집, 민가 서너 채와 함께 그 입구엔 한옥 마을의 자연환경으로 조성된 서너 배미의 논도 있다. 봄이면 언덕에 복사꽃이 피어나고 가을이면 코스모스가 길가에 만발하여 한때는 미스 경북이 선발되면 으레 한복 입고 와서 촬영하는 명소였고 요즘은 종종 신혼부부가 사진을 찍으러 오곤 한다.

나는 한국 미술사 중간고사를 치르지 않는 대신 과제물로 3인 1조를 꾸려 민속원 논에 세울 허수아비를 만들어 오라고 했다. 그리고 중간고사 기간이 지나고 맞는 첫 수업을 강의실이 아닌 민속원에서 하기로 하였다.

그리하여 구계서원 대청에서 학생들을 기다리는데 우리 학생들이 과제물로 만든 허수아비를 들고 민속원 논둑길로 들어오는 광경이 장관이었다. 학생들이 합심해서 만든 허수아비를 들고 오는 그 행렬이 마치 동학 농민군이 집결하는 것만 같았다. 그리고 이를 저마다 자리 잡아 세운 모습은 더욱더 장관이었다.

우리가 통상 시골에서 보아 온 허수아비 같은 작품은 하나도 없었다. 한 작품은 십자가 몸체에 컴퓨터 본체를 마름모꼴로 세워 머리를 삼았는데 해체된 컴퓨터의 테이프가 바람에 휘날리는 모습이었다. 또 하나는 헌 옷을 가지고 허수아비를 멋진 모델로 성장盛裝하여 세웠다. 또 하나는 농기구를 응용해 얼굴은 소쿠리, 치마 입은 몸체는 키, 두 팔은 대빗자루로 만들고 이목구비는 조 이삭으로 표현하였다.

가히 설치미술의 축제 같았다. 우리 학생들이 그렇게 즐거워하는 모습을 본 적이 없었다. 그러다 이것이 큰 볼거리가 되어 학생과 교직원은 물론이고 나중에는 멀리서 구경을 오기도 하였다. 그러다 차츰 소문이 나서 경기도 평택에서 가을 축제를 할 때, 허수아비 경연 대회를 열면서 우리 학생들 작품이 초청되었다.

그래서 이 허수아비들을 평택 축제 현장으로 옮기게 되었는데 한 작품이 문제가 되었다. 농기구를 이용한 허수아비의 얼굴에 눈, 코, 귀, 입으로 붙여 놓은 조 이삭들을 참새가 다 쪼아 먹어 없어진 것이었다. 그래서 이를 다시 보완하면서 그 학생 하는 말이 걸작이었다.

"참새들이 허수아비를 허수아비로 보았네요."

3

대부분의 사람들과 마찬가지로 나도 초등학교, 중학교, 고등학교를 다니면서 학년마다 미술 수업을 받았다. 초등학교 시절엔 크레용과 크레파스, 중학교 때는 수채 물감으로 그림을 그렸고, 고등학교 때는 파스텔로도 그렸다. 중고등학교 시절엔 경복궁, 창덕궁으로 가서 풍경화를 그리기도 했다. 미술 수업에 대한 나의 기억은 대개 그런 것이다.

그러다 고등학교 2학년 때 만난 미술 교사는 멋쟁이 추상화가로 당시 국전에서 최고상을 수상하고 나중에는 미술대학 교수가 되신 K 선생님이었는데 이

분은 실기보다 이론 수업을 많이 하셨다. 그전까지만 해도 미술 시간엔 스케치북을 펴 놓고 그림 그리면서 시간을 보내기가 일쑤였는데 K 선생님은 서양화가 이야기를 많이 해 주셨다.

당시는 시청각 시설이 전무하던 시절이라 그림을 말로 설명할 수밖에 없었는데, 반 고흐Vincent Willem van Gogh의 일생과 「별이 빛나는 밤」에 대해 두 손을 올렸다 내렸다 하며 한참 동안 설명을 하시던 선생님의 모습이 잊히지 않는다. 또 칸딘스키Wassily Kandinsky가 어느 날 화실에 들어와 보니 자기가 그린 적이 없는 멋진 작품이 이젤에 놓여 있었는데 알고 보니 자기 작품이 거꾸로 놓여 있던 것임을 알게 되어 이때부터 추상 미술을 하게 되었다는, 신기하면서도 재미있는 이야기를 해 주신 것도 기억에 남는다.

한번은 숙제로 레코드판 재킷을 만들어 오라는 과제를 내주셨다. 당시 우리 집에는 진공관 전축이 있어서 클래식 소품을 즐겨 듣곤 하였기 때문에 나는 정성스럽게 이 숙제를 했다. 쇼팽이나 베토벤으로 할까 하다가 잡지에서 서양 귀부인이 멋지게 왈츠를 추는 사진을 가져와 '요한 스트라우스Johann Strauss'라고 꼬부랑글씨로 제목을 써넣어 만들었다.

미술 시간에 K 선생님은 과제물을 검사하다가 내

가 만든 재킷을 높이 치켜들어 친구들에게 보여 주면서, 이 왈츠 사진에서 여자의 얼굴에 초점을 맞추기 위해 주변을 흐리게 만든 것은 '포커스 인focus in'이라는 카메라 기법인데, 이로 인해 성공적인 사진이 되었고 레코드판 재킷으로도 훌륭하다며 나는 생각하지도 않고 만든 것을 칭찬해 주시는 바람에 속으로는 민망해하면서도 겉으로는 친구들에게 으스댔던 기억이 있다.

4

나는 중고등학교 미술 선생을 해 본 적이 없지만 내 주위 화가 중에는 미술 교사 출신이 많다. 1980년대 새로운 미술 운동이 일어날 때는 삶의 미술, 현실의 미술, 민족 미술, 민중 미술, 노동 미술 등이 시대의 예술적 과제였는데 한편에서는 미술 교육에 대해서도 진지한 반성이 있어 미술 교육 동아리가 따로 있을 정도였다.

그때 H 중학교 미술 교사로 미술 교육 동아리의 한 멤버였던 P는 진짜 좋은 미술 선생이 되겠다고 작심하고 학생들에게 여론 조사부터 시작했다. 그래서 그동안 받은 미술 수업의 기억이 무어냐고 물으니 죄다 "과제물 안 가져와 혼난 것밖에 없어요."라는 대답뿐이었다.

그래서 P는 자신의 미술 시간은 과제물 없이 하겠다고 결심하고는 이렇게 말하며 수업을 했다고 한다.

"모두 눈을 감으세요. 자, 허공에 그림을 그리는 겁니다. 멀리 산이 있어요. 그 아래 마을이 있어요. 마을로 들어가는 길 옆에 벼가 익어요. 길 한쪽에 큰 느티나무가 있어요. 마을 가까이 두 사람이 걸어가고 있어요……. 자, 다 그렸으면 눈을 떠요." 하고는 그림을 그릴 때 구도를 잡는 법, 물체의 크기를 조절하여 원근을 나타내는 원리, 멀리 있는 사람을 그릴 때 이목구비를 그리면 안 되는 이유 등을 설명했다는 것이다.

그리고 다음 시간에 다른 반에 가서도 똑같이 학생들에게 눈을 감고 그림을 그리게 했는데 마침 교감 선생님이 순시를 돌다가 이 괴이한 광경을 보고는 나중에 교무실로 P를 불러 미술 수업은 과제물을 주고 '똑바로' 하라고 훈시하였다고 한다.

그래도 P는 고집스럽게 자기식으로 나아갔다. 한번은 공간 체험을 한다고 모두에게 종이비행기를 열 장씩 접어 오라고 한 다음 학교 뒷동산에 올라 하나씩 날리게 하면서 종이비행기가 그리는 선을 잘 따라가며 직선과 곡선, 공간의 깊이를 생각해 보라고 했다. 종이비행기가 멀리 갈 때 작게 보이다 한 바퀴 돌아 제자리로 올 때는 다시 크게 보이는 것을 눈으로 확인하라고 했다. 그렇게 종이비행기 공간 체험으로 한 학년 수업을 마치니 이번에는 환경 미화 선생님이 그렇게 청소 일감을 만들면 어떡하느냐고 항의했다고 한다.

P는 이내 미술 교사를 그만두고 화가로서 일생을 살아가게 되었다. 세월이 흘러, H 학교 재직 시절 학생들이 졸업 30주년 홈 커밍 행사를 열었는데 담임도 맡지 않았던 P를 초청해 주어서 가게 되었다고 한다. 성대한 기념식이 다 끝난 다음, 기념 촬영을 하는데 카메라를 앞에 두고 앞줄에 선생님들이 서고 뒷줄에 학생들이 선 다음 한 학생이 카메라 셔터 소리와 동시에 "하나, 둘, 셋!" 하고 외치니 다른 학생들은 일제히 종이비행기를 강당 가득 날렸다고 한다.

미술 수업의 근간은 실기이다. 스케치북에 그림을 그리는 것이 기본 과제일 수밖에 없다. 또 어떻게 하면 잘 그릴 수 있는가를 고민하다 보면 자연히 실기에 초점이 맞춰지게 된다. 그러나 대상을 어떻게 파악하고 어떻게 표현하는가에 대한 교육은 이론 수업을 통하여 이루어진다. 그러자면 자연히 미술의 역사에 나타난 수많은 작품들을 보고 배우며 익혀야 한다.

여기서 나의 체험 또 하나를 이야기하고자 한다. 1980년대만 해도 미술대학에서 이론 과목 교육은 뒷전이었다. 몇몇 대학을 제외하고는 이론 담당 전임 교수가 없는 실정이었다. 또 미술 이론이라고 하면 서양 미술사와 서양 현대 미술사 정도만 가르칠 뿐 한국 미술사 과목은 아예 개설되지 않는 경우도 많았다.

당시 미술계 상황을 잠시 얘기하자면 1980년 벽두부터 젊은 화가들의 새로운 미술 운동이 열화같이 일어났다. 꼭 리얼리즘, 민중 미술만이 아니었다. '현실과 발언'을 비롯하여 '임술년' 그룹이 탄생했고, '삶의 미술', '시대정신'이라는 이름의 전시회가 열렸다. 이 젊은 미술인들은 전통적인 것 또는 민족적인 것을 지향하고 싶었지만 이에 대한 지식이 빈약했다. 그렇다고 이 욕구를 충족시켜 줄 책이나 도록이 많은 것도 아니었다.

한번은 어느 미술대학에 초청 강연을 갔는데 특강 제목이 '한국 미술사의 흐름'이었다. 한국 미술사가 정식 교과목이 아니라 어쩌다 듣는 초청 강연 주제라니! 참으로 한심한 일이었다. 이에 나는 '대담하게' 1984년 가을, '젊은이를 위한 한국 미술사'라는 오픈 강좌를 신촌의 허름한 건물 3층에 있는 '우리마당'이라는 대안 공간에 개설하였다. 사실 내 나이 서른다섯에 한국 미술사를 통사로 가르칠 그 이상의 공간이 주어지지도 않았다.

나는 작품 슬라이드를 많이 보여 주며 강의를 꾸려 나갈 생각이었다. 그러나 슬라이드라는 것 자체가 귀한 시절이어서 개인적으로 갖고 있던 프로젝터를 들고 다녔고 벽에다 모조지 여러 장을 붙여 스크린을 만든 채 강의할 수 밖에 없었다. 미술대학 몇 곳에 작은 포스터 몇 장 붙여 놓고 수강생을 모집하였는데 첫날 스무 명, 둘째 날 서른 명, 셋째 날은 백 명 가까이 모이는 바람에 의자가 부족해 바닥에 스티로폼 방석을 깔아 자리를 만들고 강의를 진행했다.

◆ 그 시절, 거리의 미술 수업

공간이 모자라 백여 명 가까이 운집한 수강생들이 바닥에 앉아 강의를
듣고 있다. 이 시절 이후 나는 '한국 미술의 전도사', '거리의 미술사가'라
는 별명을 얻었다.

이후 내 강좌는 그림 마당 민, 예술 마당 금강, 소극장 한마당, 대구 예술 마당 솔, 나중에는 학전 소극장 등 당시 대안 공간으로 마련된 마당이라는 마당은 다 돌아다니며 이어졌다. 별도로 '미술 교사를 위한 한국 미술사', '역사 교사를 위한 한국 미술사'를 열기도 했다. 심지어 교사들의 요청으로 내가 사용한 슬라이드 천이백여 컷 한 세트를 복제하여 공유하기도 했다. 그래서 얻은 별명이 '한국 미술의 전도사', '거리의 미술사가'이다.

강좌 중에는 반드시 문화유산 답사를 두 번 다녀왔다. 한 차례는 당일 답사로 서산 마애불 또는 여주 신륵사와 고달사 터를 다녀오고 한 차례는 3박 4일 일정으로 경주, 남도, 부여 등을 다녀왔다. 나의 강좌 수강생들이 답사 모임으로 결성한 것이 '한국문화유산답사회'이며, 그때의 경험을 토대로 펴낸 것이 『나의 문화유산답사기』이다.

돌이켜 보건대 나의 수강생들이 재수강, 삼수강을 하며 나의 강좌에 몰입했던 것은 미술 이론에 대한 그들의 지적 공백을 채워 줄 수 있는 내용이 슬라이드로 제시되었기 때문이다. 내 수강생 중에는 누구라면 알 수 있는, 지금은 50~60대가 된 화가도 있고 평론가도 있다. 이처럼 내 강의를 소화하여 얼마

만큼 자신의 창작 또는 평론이나 교육으로 발전시켜 갔는지는 개인적 역량에 대한 이야기일 것이다.

  그림을 그리는 미술 창작에서 미술사를 포함한 미술 이론은 손이 해야 하는 일을 도와주지는 않는다. 그것은 손의 훈련 과정을 거쳐야 하는 것이다. 그러나 대상을 보는 눈, 대상을 파악하는 이미지의 해석은 이론 교육을 통하여 폭넓게 이루어질 수 있다. 프랑스의 미술 평론가 알랭 주프루아Alain Jouffroy는 "시각의 혁명 없이 손의 혁명은 이루어지지 않는다."라고 했다.

  미술 교육은 창작과 감상, 실기와 이론의 조화 속에 이루어져야 한다는 나의 주장은 이처럼 미술 교육의 수요자와 공급자 입장에서 체험적으로 느끼며 실천해 온 경험의 결론이자 호소인 것이다.

그림을 그리는 미술 창작에서 미술사를 포함한 미술 이론은 손이 해야 하는 일을 도와주지는 않는다. 그것은 손의 훈련 과정을 거쳐야 하는 것이다. 그러나 대상을 보는 눈, 대상을 파악하는 이미지의 해석은 이론 교육을 통하여 폭넓게 이루어질 수 있다. 프랑스의 미술 평론가 알랭 주프루아는 "시각의 혁명 없이 손의 혁명은 이루어지지 않는다."라고 했다.

이것은
'미술'일까요?

■▲▲●

목
수
현

미술사학자. 근현대미술연구소 소장으로 일하며 한국 근현대 미술은 물론, 만화나 광고 포스터 등 시각 문화 전반에 대해 연구한다. 미술이 사회와 관계 맺으며 역할하는 바에 대해 고민하고 있다. 『비평으로 보는 현대 한국미술』(공저), 『태극기 오얏꽃 무궁화: 한국의 국가 상징 이미지』 등을 썼다.

#시각 문화 #미술의 출발점

"이것은 미술일까요, 아닐까요?"

대학교 1학년 학생들에게 강의하는 '한국 미술과 문화' 수업 첫 시간에 주먹도끼 슬라이드를 띄워 놓고 대뜸 질문부터 던졌다. 학생들은 눈을 동그랗게 뜨고 속으로 '이게 뭐지?' 하는 얼굴을 할 뿐 선뜻 답을 하지 않는다. 나는 속으로 웃는다.

우리는 흔히 미술을 '아름다운 것'이라고 생각한다. 그러나 미술은 아름답기만 한 것일까? '미술美術'이라는 말은 언제부터 사용했고, 어떤 의미로 사용한 것일까? 나는 이런 포괄적인 문제를 학생들에게 제기하고 싶었다.

이러한 질문은 처음 한 것이 아니었다. 한국 미술을 어떤 눈으로 바라보게 할까 고민하던 나는 삼십여 년 전, 학생들을 처음 만날 때부터 같은 질문을 던진 적이 있다.

어느 학기, 고고학 전공 선생님께서 안식년을 보내시는 바람에 대신 고고학 강의를 맡게 되었다. 고고학을 어떻게 가르쳐야 할지 내심 막막했다. 그러다가 학생들에게 선사 시대 사람들의 삶과 생각을 체험하게 해 보자는 데에 생각이 미쳤다. 그래서 주먹도끼를 만들어 보기로 했다. 학교 뒷산에 흩어져 있는 돌 가운데 마음에 드는 것을 고르고, 그것을 주먹도끼로 만들어 보는 수업이었다. 학생들은 답답한 강의실에서 밖으로 나간다는 것만으로도 신나 했다. 저마다 돌을 고르고 내리쳐 깨서 주먹도끼를 만들어 보았다. 따로 요령을 설명하지는 않았다. 학생들이 스스로 체험하고 느끼게 하고 싶었기 때문이다. 삼십여 분이 그렇게 지났다. 결과는 대실패였다. 제대로 된 모양의 주먹도끼를 만들어 낸 학생은 단 한 명도 없었다. 주먹도끼는 그렇게 하루아침에 만들어지는 것이 아니었다.

강의실로 돌아와 학생들의 경험을 물었다. 무엇이 어려웠는지, 주먹도끼를 만들 때 어떤 생각을 했는지. 어떤 학생은 돌을 내리치자마자 돌이 부서져서 주먹도끼를 만들 수 없었다고 했다. 또 다른 학생은 단단한 돌을 골랐지만 생각하는 형태로 만드는 것이 마음먹은 대로 되지 않았다고 했다. 학생들의 경험담을 들은 뒤 차분히 주먹도끼의 형태에 대해 설명했다.

구석기 시대를 대표하는 도구인 주먹도끼는 우리나라에서는 1978년, 경기도 연천군 전곡읍 전곡리에

◆ 주먹도끼(돌/길이 23.6㎝/구석기)
　학생들은 저마다 고른 돌로 주먹도끼를 만들려고 했지만,
　결과는 대실패였다.

서 우연히 발견되었다. 이 발견은 우리나라에도 수
준 높은 구석기 문화가 있었음을 알 수 있게 한 중요
한 계기가 되었다. 그 이전에는 유럽과 아프리카 등
에서만 주먹도끼가 출토되어 상대적으로 유럽과 아
프리카가 아시아에 비해 발전된 구석기 문화를 형성
했다는 생각이 지배적이었다. 주먹도끼가 발견되었
다는 것은 한반도에도 문화적 우수성을 갖춘 구석기
인들이 살았음을 알려 주는 중요한 지표가 된다. 십

만 년 전 어느 시기 이 땅에 살았던 사람들이 땅을 파거나, 무엇을 캐거나, 동물을 잡기 위해 적당한 크기의 돌을 골라 그것을 다른 돌에 내리쳐 여러 가지 날카로운 면을 만들고는 무엇을 찍거나 내리칠 때 사용했다는 것이다. 손으로 쥘 만한 정도의 크기로 만들기 때문에 '주먹도끼'라는 이름으로 부른다.

간단해 보이지만, 주먹도끼를 만들기 위해서는 여러 가지 지식이 선행되어야 한다. 우선 내리쳐도 쉽게 부서지지 않는 단단한 돌을 골라야 한다. 재료에 대한 이해가 있어야 한다는 뜻이다. 둘째, 돌로 날을 깨고도 주먹으로 쥐기에 적당한 크기의 돌을 골라야 한다. 셋째, 돌을 여러 번 내리쳐서 날카로운 면을 만들어 내야 한다. 잘못 내리쳐 너무 크게 돌을 따 내면 알맞은 크기의 주먹도끼를 만들지 못하게 된다. 이렇게 주먹도끼를 만드는 일은 경험에서 나오는 재료에 대한 지식이 있어야 하고, 어떤 형태로 만들고자 하는지가 머릿속에 있어야 하는 것이다. 다시 말하면 이것은 디자인적 사고가 적용된 산물인 것이다. 이런 설명을 하고 나서 나는 다시 물었다. "이것은 미술일까요, 아닐까요?" 학생들의 의견은 분분하다. 내 설명처럼 디자인이 들어갔기 때문에 미술이라는 쪽과, 그럼에도 불구하고 미적인 요소가 없기 때문에 미술이 아니라는 쪽이 서로 팽팽하다.

주먹도끼와는 좀 다르지만 또 다른 돌 도구를 제시하고 같은 질문을 했다. 원형의 납작한 돌 가운데에 구멍을 내고 열여덟 가닥의 톱니를 깊고 날카롭게 깎아 낸 형태이다. 이 유물은 북한 황해북도 송림시 석탄리의 청동기 시대 유적에서 출토된 것이다. 별처럼 방사상으로 톱니가 뻗어 있기 때문에 '별도끼' 또는 '톱니날 도끼'라고 부른다. 이 유물은 석탄리에서 출토된 다른 유물보다 훨씬 정교하게 제작되었기 때문에 당시 부족을 이끌던 부족장이 지니고 있었던 것으로 본다. 청동기 시대 사람들이 이를 두고 어떻게 불렀을지 알 수는 없다. 다만 이를 발굴한 북한의 학자들이 그 모양이 빛이 별처럼 뻗어 나가는 듯이 보인다고 생각해서 붙인 이름일 것이다. 학생들도 그 이름에 이의를 제기하지 않는다. 공력이 많이 들었음을 인정한 걸까? 아니면 방사상으로 뻗은 톱니의 형태가 아름답다고 느껴서일까? 한눈에 봐도 돌을 깎고 다듬은 솜씨가 예사롭지 않게 보이는지, 학생들은 주먹도끼의 경우와는 달리 이 도끼에 대해서는 미술이라는 데에 쉽게 동의한다.

그러면 나는 '미술'이라는 용어의 개념과 범주, 그

◆ **별도끼(돌/지름 29㎝/청동기)**
학생들은 별도끼가 미술이라는 데 이의가 없는 눈치다.

리고 역사에 대해 질문한다. 미술은 아름다운 것일
까? '미술'이라는 말은 언제부터 쓴 걸까? 주먹도끼
나 별도끼를 만든 사람들은 아름다움을 위해 만들었
을까? 그들은 이것을 미술이라고 생각했을까? 역시
이에 대해서도 의견이 분분하다.

또 다른 예를 든다. '빗살무늬 토기'라고 부르는
토기 이미지를 보여 준다. 흙으로 빚어 구워 낸 그릇
이다. 토기 표면에 빗금처럼 보이는 무늬들이 있어

서 빗살무늬 토기라고 부른다. 이번에는 이것이 미술인지 아닌지를 묻지 않는다. 대신 이 무늬들을 왜 그렸을까를 묻는다. 빗살무늬 토기도 주먹도끼처럼 전 세계적인 분포를 보이는 유물이다. 우리나라에는 기원전 4,500년 전에 중서부 지역에서 처음 나타나며 기원전 3,500년 전 무렵에는 우리나라 전역에서 만들었던 것으로 보고 있다. 위가 넓고 아래가 뾰족해서 '뾰족바닥 토기'라고도 부른다. 그릇으로 쓰기에는 형태가 매우 불안정해 보인다. 왜 이런 형태로 만들었을지에 대해서도 묻는다.

고고학 수업의 실기는 또 한 번 이루어졌다. 이번에는 토기를 만들어 보기로 했다. 근처 초등학교 앞 문방구에서 찰흙 더미를 사다가 학생들에게 안겨 주고 마음껏 그릇을 만들어 보라고 했다. 학생들은 한 시간 동안 한눈팔지 않고 진지하게 흙을 주물러서 그릇을 빚었다. 별다른 설명을 하지 않았는데도 흙을 가락으로 만들어 점점 테를 쌓아 올려서 그릇 형태를 만드는가 하면, 바닥을 판판하게 한 뒤 그로부터 흙을 점차 늘려 올려 그릇 형태로 만드는 학생들도 있다. 가락을 둥글게 감아 올려 만든 학생은 층층의 가락들이 서로 붙을 수 있도록 그릇 안팎을 문질렀다. 찰흙으로 그릇을 만들어 본 학생들은 찰흙이라

◆ **빗살무늬 토기(흙/높이 50.1㎝, 입지름 47㎝/신석기)**
서로 다른 방향으로 빗금을 그어 공간을 채운 행위는
신석기인들이 형태의 질서를 알고 있었음을 짐작할 수 있다.

는 재료의 중요성에 대해 실감하게 된다. 점성질이 낮은 흙으로는 물을 부어 개어도 그릇의 형태를 만들기가 어렵다. 바닥과 그릇의 몸체를 이어 붙이는 것도 어렵다. 뾰족바닥은 그릇을 빚을 때 넓은 데부터 가락을 시작해서 점차 좁게 쌓아 올려 원뿔 모양을 잡은 다음 그것을 뒤집어 만든다. 몸체와 바닥을 구분해 만들지 못했기 때문이다. 그릇을 세울 수 없기 때문에 이 뾰족바닥 토기는 구덩이를 파고 묻는 형태로 사용했다. 농사를 지었던 신석기 시대였으므로 곡식 저장 항아리로 사용했을 것으로 본다.

그렇다면 빗살무늬는 왜 새겼을까? 학자들은 농사가 잘되도록 비가 내리게 해 달라는 염원을 담았다고 보기도 하고, 빈 공간을 참을 수 없어 채웠다는 추상 충동으로 보기도 한다. 한편, 수평으로 감아올린 가락에 대각선으로 빗금을 내면 가락들이 더 단단히 붙을 수 있기 때문에 빗금을 내었을 것이라거나, 큰 항아리가 미끄러질까 봐 손바닥과의 마찰력이 생기도록 빗금을 그었을 것이라는 기능적인 이유를 대기도 한다. 후기로 갈수록 토기를 더 잘 만들게 되면서 토기의 무늬가 점차 사라진 것을 보면 기능적인 이유가 맞을 듯싶다. 그러나 오른쪽으로 뾰족한 금을 같은 길이로 일정하게 긋고 또 아래쪽은 왼쪽 방향으로 같은 금을 그어 공간을 채운 이 행위는 신석기 인들이 형태의 질서를 알고 있었음을 파악하게 한다. 질서와 균형은 하나의 미적 감수성이다.

빗살무늬 토기의 형태에도 비례감이 있다. 빗살무늬 토기는 높이가 50센티미터가 넘는 것부터 20센티미터가 안 되는 것까지 크기가 다양한데도 비례가 매우 유사하다. 북한 학자들은 발굴된 빗살무늬 토기의 크기를 통계 낸 뒤 이것이 사람의 손 뼘에 비례한다고 밝혀냈다. 이 손 뼘의 길이는 남성이 아니라 여성들의 것으로 보고 토기는 주로 여성들이 빚었을 것이라고 보았다. 또한 지름과 높이의 비율이 1:1.618이라는, 이른바 황금 비례를 갖춘 것이 많다는 점도 밝혀내서 신석기 시대 사람들의 비례 감각이 뛰어났음을 파악해 냈다. 빗살무늬 토기의 빗금은 기능적인 이유에서 만들었다 하더라도 그 형태에 대한 감각은 신석기 시대 사람들의 미감을 보여 준다. 이제는 박물관 진열장 안에서나 볼 수 있지만 빗살무늬 토기는 기원전 삼사천년 전 이 땅에 살았던 사람들의 조형 활동이라는 것을 이야기하고 싶었다. 빗살무늬 토기를 추체험한 학생들은 각자 자신이 만든 토기를 의기양양하게 가지고들 돌아갔다.

◆ **반구대 암각화가 새겨져 있는 대곡천 풍경**
반구대라는 수직 절벽에 선사 시대의 암각화가 대곡천 변을 따라 새겨져 있다.

주먹도끼나 빗살무늬 토기가 미술 활동이라는 데에 쉬이 동의하지 않는 학생들에게 이번에는 바위 면에 새겨진 이미지를 띄워 본다. "이것은 '미술'일까요?"라고 다시 한번 물으면서.

그 이미지는 '반구대 암각화'라고 부르는 그림들이다. 반구대 암각화는 경상남도 울주군 대곡면 대곡천 가의 반구대라는 수직 절벽에 새겨진 그림들을 말한다. 너비 약 9미터, 높이 약 4미터 되는 중심 면을 비롯해 열 곳의 주변 암면에 삼백여 개의 그림이 새겨져 있다.

나는 반구대 암각화의 전체 모습뿐 아니라 어미 고래가 새끼 고래를 등에 업고 가는 모습, 작살을 맞

◆ 울주 대곡리 반구대 암각화(암각화/약 900x400㎝/신석기에서 청동기 추정)
학생들은 이제야 이것이 '미술'이라는 데에 두말없이 동의하는 듯하다.

은 고래, 멀리 고래들이 몰려오는 모습을 찾는 듯한 사람, 물고기를 잡으려고 바다에 친 그물, 줄무늬나 점무늬가 있는 네발짐승, 사람의 얼굴 또는 가면처럼 보이는 이미지 등 구체적인 부분 사진들도 보여 주었다. 학생들은 이제야 이것이 '미술'이라는 데에 두말없이 동의하는 듯하다. 눈을 반짝반짝하면서 그림들을 즐기는 모습이다. 학생들에게 다시 묻는다. "이 그림들은 왜 새긴 걸까요? 아름다움을 추구해서 새겼을까요?"

1980년대 말에 반구대 암각화를 답사한 적이 있다. 추운 겨울날 대곡천 물이 거의 가물어 있어서 대곡천을 가로질러 건너 바위 면에 다다랐다. 바위에는 선과 면으로 짐승과 사람 들이 새겨져 있었다. 크기가 큰 고래는 거의 40~50센티미터 정도 되어 보였다. 삼천 년 전에 이것들을 새긴 사람들은 무슨 생각을 하면서 이 작업을 했을까?

학자들은 그들이 고래와 짐승 들을 사냥하기 위한 기원을 바위에 새겼다고도 하고 또는 사냥한 것을 기록했다고도 한다. 그렇다고 기원이 조형 활동으로 바로 이어지는 것은 아니다. 새끼 고래를 업고 있는 어미 고래의 모습은 참으로 기발하다. 바위 면을 얕게 파내서 고래 형상을 조각했는데 새끼 고래

◈ 새끼 고래를 업은 어미 고래

◈ 사람의 얼굴 또는 가면

◈ 작살을 맞은 고래

◈ 사람의 모습

부분은 남겨 두어 얕은 돋을새김이 되었다. 작살을 맞은 고래도 작살 부분을 남겨 두고 바위 면을 쪼고 갈아서 고래 모양을 만들어 냈다. 이 이미지를 탁본하면 튀어나온 부분과 파인 부분의 요철이 분명해져서 형상이 뚜렷해진다. 이는 표현하고자 하는 내용이 분명하지 않으면 할 수 없는 조형 작업이다. 더구나 도구가 발달하지 않은 시기에 그 같은 형태를 새기려면 얼마나 많은 시간을 들여야 했을지 알 수 없다. 그들은 대곡천 바위 벽을 아름답게 만들기 위해서 이처럼 수많은 이미지를 조각했을까?

분명 선사 시대에는 우리가 생각하는 '미술'이라는 범주나 개념은 존재하지 않았을 것이다. 미술의 원어인 'Art'는 회화, 조각, 공예를 아우르는 개념으로 18세기 이래 서구에서 정립된 범주이다. 이 Art라는 서구의 언어를 19세기 일본에서 '아름답게 하는 기술'이라는 뜻의 '미술美術'이라는 번역어로 대체해 쓰기 시작하면서 동아시아 한자 문화권에서 오늘날까지 사용하고 있다. 처음에는 순수 미술보다 공예 등 실용적인 부분이 더 많은 비중을 차지했지만 점차 순수 미술과 응용 미술이 분화되었고, 나아가 오늘날에는 건축, 사진, 영상까지 포괄하는 개념이 되었다. 이렇게 되고 보니 오늘날의 미술은 사람들의 삶과는 꽤 거리가 있는 예술가들의 영역이 되어 버린 감이 없지 않다. 그것은 또한 아름답지만도 않고 현대의 여러 삶을 반성적으로 성찰하게끔 하기도 한다. 그러나 저 먼 선사 시대의 사람들은 삶의 필요에서부터 무엇인가를 만들었다. 그것은 처음에는 가장 유용한 형태였으며 그 유용한 형태는 '좋은 것善'이고 따라서 '아름다운 것美'이었다. 반구대 암각화에는 유용함을 위해 기원을 새겨 놓았다. 새끼 고래를 업고 가는 어미 고래를 새기고, 짐승들을 새겼으며 멀리 고래를 바라보는 사람들을 새겼다. 이것은 기원의 마음을 시각적으로 표현한 것이기 때문에 어쩌면 종교적인 행위일지도 모른다. 삶에 기반해서 생각과 기원을 표현한 결과물들이야말로 진정 미술의 기원이 아닐까?

의미 있는 형태를 만들어 낸 그들의 행위는 분명 하나의 시각 문화를 형성하고 있다. 미술을 삶을 보여 주는 시각 문화의 하나로 본다면, 그런 점에서 우리나라 최초의 미술가 또는 디자이너는 구석기 시대에 주먹도끼를 만든 사람이 아니었을까? 빗살무늬 토기를 만든 신석기 시대 여성들도 자신이 만든 토기의 형태감을 자랑스러워하지 않았을까? 얇은 원반을 깎고 또 깎아 별도끼를 만들어 낸 사람은 장인에 다름 아니다. 반구대 암벽에 수많은 무늬를 새긴 사람들은 예술인이었을 것이다.

미술사를 가르칠 때마다 미술을 어려워하는 학생들을 많이 만나게 된다. 미술은 난해하고 무엇인지 알아보기 어렵다는 것이다. 그러나 미술이 처음부터 어려운 것은 아니었다고 생각한다. 18세기 서구에서 종교적인 미술과 정치적인 미술로부터 벗어나 미술가들이 스스로 개성을 지니는 작품을 제작하게 되면서 미술은 난해한 길로 접어들었다. 또한 많은 현대 미술 작가들은 미술의 시각적 형태를 통해 환경, 인종, 전쟁, 계급 등 사회의 수많은 측면을 다시 보게 하거나 철학적인 메시지를 담고자 한다. 이처럼 현대 미술이 고도화되면서 학생들은 미술을 더 어려워하고 자신들의 삶과는 괴리된 것으로 받아들이는 듯하다.

하지만 미술은 늘 우리의 삶에서 출발한 것이었다. 어려운 미술이 아니더라도 주변에서 볼 수 있는 수많은 디자인들, 예를 들면 공부하는 학생들의 몸을 편안하게 받쳐 주는 의자, 발을 잘 감싸는 운동화, 햇빛을 가려 주는 모자 등은 삶을 풍요롭게 하기 위해 고안되어 만들어지는 것들이다. 이러한 발상은 선사 시대 사람들이 주먹도끼를 만들고 빗살무늬 토기를 만들었던 생각에서 크게 벗어나 있지 않다. 나는 학생들이 미술을 생활에서 가까이, 그리고 손쉽게 생각하게 하고 싶었다. 우리 삶을 둘러싼 시각 문화가 모두 미술인 것이다.

나는 내년에도 또 후년에도 학생들에게 질문할 것이다. "이것은 '미술'일까요?"

공대생이 미술관에서
이성 친구와 대화를 나누기 위한
비주얼 리터러시

■▲▲●

우
정
아

미술사학자. 포스텍 인문사회학부에서 미술사를 가르치고 있다.
1960년대 이후의 현대 미술을 연구한다. 다양한 글쓰기와 강연
을 통해 미술사의 대중적 소통에도 주력하고 있다. 『한국미술의
개념적 전환과 동시대성의 기원』, 『오늘, 그림이 말했다: 생활인
을 위한 공감 백배 인생 미술』, 『남겨진 자들을 위한 미술』 등을
썼으며 『조선일보』에 전문가 칼럼 「우정아의 아트 스토리」를 연
재하고 있다.

#공대생과 함께한 미술 수업 #비주얼 리터러시

■▲▲●

"이성 친구와 미술관에서 대화를 나누고 싶다."

2007년 봄, 카이스트 첫 수업에서 한 학생이 나에게 적어 낸 수강의 목적이다. 당시의 나는 이토록 간절한 바람을 오히려 자조적 농담이 필요할 때 꺼내썼다. '미술사의 쓰임이란 고작 이런 것'이라거나 아니면 '공대생의 세계란 이토록 단순하다.'라는 예시였다. 막 유학을 마치고 돌아와 '인문학의 꽃'이라 믿어 의심치 않았고 지금도 그렇다고 생각하는 미술사라는 심오한 학문을 넓게 펼쳐 인간을 이롭게 하겠노라는 패기와 열정에 가득 차 있을 때였다. 하지만 그 뒤 2012년 포스텍으로 자리를 옮겨 이공계 중심 대학에서 미술사를 가르친 지 어언 십여 년이 지난 지금, 나는 이 간결하고도 숭고한 소망을 내 목적처럼 늘 머릿속 어딘가에 담고 다닌다.

나는 매 학기 초, 수업 첫 시간에 학생들을 대상으로 설문 조사를 실시한다. 우선 학생으로서 본인의 장점과 단점이 각각 무엇인지, 배우는 데 가장 효

율적이라고 생각하는 방식은 강의, 토론, 시험, 과제, 글쓰기, 조별 과제 중 무엇인지 등 기본적인 학업 스타일에 대한 질문을 한다. 학기 초에 학생으로서 스스로 성향을 한 번쯤 정리해 보고 시작하면 나름대로 발전의 여지가 생기리라고 믿기 때문이다.

같은 질문을 했을 때 내가 알던 종합 대학 학생들과 공대생 사이에서 답이 크게 갈리는 건 조별 과제다. 남의 일인데 글로만 읽어도 울화가 치미는 '조별 과제 잔혹사'가 수두룩하게 회자되는 와중에도 공대생들은 조별 과제를 잘하고 심지어 선호하기까지 한다. 포스텍 학생들은 거의 100퍼센트 기숙사에서 생활하기 때문에 언제든 모이는 것 자체가 어렵지 않을뿐더러 이들의 전공은 혼자 단독으로 수행할 수 있는 연구가 아니어서 이미 조별 활동의 효용을 잘 알고 또 익숙하다.

그다음은 미술사에 대한 학생들의 배경을 살핀다. 지금까지 미술사 관련 수업을 들어 본 적이 있는지, 특별히 좋아하는 미술가 혹은 작품이 있다면 어떤 것인지 등이다. 한 학기 동안 가르치려는 학생들이 과연 이전까지 미술을 얼마나 접했는지, 좋아하는 건 어떤 종류인지 아는 건 교수자에게 도움이 된다. 하지만 학생들의 경험은 해가 갈수록 초라해진다.

카이스트와 포스텍을 포함한 이공계 중심 대학의 경우 상당수 학생이 과학고나 영재고 출신이다. 어릴 때부터 수학과 과학에 탁월한 재능을 보여 일찍이 진로를 정했고 결과적으로 대학에 입학할 때까지 배운 교과 또한 수리 과학 분야에 치중해 왔다는 뜻이다. 그러다 보니 미술에 대한 사전 지식은 둘째 치고 세계사도 배운 적이 거의 없고, 좋아하는 미술가조차 꽤 오랫동안 다빈치Leonardo da Vinci, 반 고흐, 모네Claude Monet의 '3대 천왕'에 한정되어 있다가 어느 해인가부터는 아예 미술을 모른다는 답이 다수가 됐다. 매 학기 미술관을 방문해 전시를 보고 리뷰를 작성하는 과제를 내는데, 어느 학생이 "지금까지 이십 평생 가 본 미술관이라고는 고작 루브르 박물관뿐이었다."라는 웅장한 고백을 하기도 했다.

물론 공대생이건 누구건 모두가 어려서 미술관에 가 봐야 하고, 좋아하는 미술품 하나쯤 반드시 마음에 품고 살아야 마땅하다는 말은 아니다. 다만 각자의 일과 취미가 무엇이든 미술은 삶을 풍요롭고 의미 있게 만들어 주는 문화 활동이다. 미술을 가까이 접하고 알게 되면 자아를 섬세하게 표현하고, 세상을 다각도로 바라보며, 타인들과 깊이 교감할 수 있는 눈이 생긴다. 그런데도 많은 학생이 그저 이공계로 진로를 일찍 정했다는 이유로 미술과 거리가 먼 교육을 받게 되고, 그에 대한 갈증 혹은 상실을 느끼거나 아니면 그조차도 깨닫지 못하고 있는 점은 안타까울 뿐이다.

설문의 마지막 질문은 미술사 수업을 다 듣고 한 학기를 마쳤을 때 도달하고자 하는 목표가 무엇인가다. "이성 친구와 미술관에서 대화를 나누고 싶다."라는 대답이 바로 여기서 나왔다. 나는 이제 이것이 얼마나 달성하기 어려운 목표인지 안다. 공대 특성상 남녀 성비가 맞지 않는 고립된 환경 안에서 커플 탄생도 어렵거니와 운이 좋게 이성 친구를 만난다고 하더라도 우리 학생들의 학업량은 주말 중 반나절도 비우기 힘들게 버겁다. 그렇게 빠듯하게 시간을 내서 데이트를 할 때 하필이면 낯설기만 한 미술관을 행선지로 선택할 확률이 얼마나 되겠는가.

이 모든 난관을 뚫고 미술관에 도달했다고 하더라도 가장 어려운 게 바로 작품을 앞에 두고 대화를 나누는 일이다. 이는 오랜 훈련과 지식이 필요한 전문 영역, '비주얼 리터러시visual literacy'를 갖춰야 가능해진다. 비주얼 리터러시란 문자와 마찬가지로 이미지와 영상을 비롯한 시각적 정보를 읽고 그 의미를 소통할 줄 아는 기술이다. 지금 이 글을 읽는 독자들도 눈앞에 무엇이든 어떤 물건이 있을 때, 그걸 보지 않은 타인에게 설명만으로 상대의 머릿속에 그 물건이 뚜렷하게 떠오를 수 있게 묘사하는 것이 꽤 어려운 일임을 금방 알게 될 것이다. 원래 시각 정보는 문자 혹은 언어 정보로 쉽게 치환되지 않는데, 이건 어휘력이나 문장력의 문제가 아니다. 어휘력이 부족해 눈에 보이는 걸 말로 설명할 수 없는 게 아니라, 반대로 설명할 수 없는 것은 처음부터 보이지 않는다.

수업 중 로마의 판테온을 설명할 때였다. 한 학생이 판테온에 가 본 적이 있다고 했다. 어떻더냐고 물었더니 "좋았다."라고 했다. 어디가 어떻게 좋았냐고 물었더니 잠시 망설이다 "그냥 좋았다."라고 한다. 이천 년 전의 인류가 세운 웅장한 건축물을 눈앞에서 보니 그저 감격스러웠을 수도, 평범해 보이는 고대 신전의 삼각 지붕 입구를 통해 실내로 들어서자 예상치 못했던 거대한 원통형 건물이 나타나고 그 위에 가뿐하게 올라앉은 반구형 돔 지붕을 올려다보자 경이로웠을 수도, 돔 가운데 뻥 뚫린 천창을 통해 건물 안으로 들어온 동그란 태양빛이 시간의 흐름에 따라 둥근 벽면을 타고 천천히 회전하는 걸 보니 의식하지 못했던 천체의 존재를 온몸으로 느껴 신비로웠을 수도, 드넓은 로마 제국 각지에서 운반

해 온 서로 다른 대리석으로 장식된 신전 곳곳을 보며 고대 제국의 위상에 압도됐을 수도, 열린 천창을 통해 소나기가 들이쳐도 놀랍도록 빠르게 물이 빠지고 바닥이 마르게 하는 고대인들의 건축 기술에 감탄했을 수도 있다. 이 모두를 뭉뚱그린 게 "좋아요."다.

유럽 여행을 다녀온 꽤 많은 학생이 미켈란젤로 Michelangelo Buonarroti의 「천지창조」를, 그의 「피에타」를, 라파엘로Raffaello Sanzio의 「아테네 학당」을, 혹은 「사모트라케의 니케」 상을 직접 봤지만, 대부분의 감상은 한결같이 "좋아요."다. 좋았다고 해도 왜 좋은지는 모르고, 혹 그저 그랬어도 이유는 잘 설명하지 못한다. 이건 그들의 세계 안에 '좋아요'와 '싫어요' 같이 대단히 포괄적이고 두루뭉술한 형용사밖에 없기 때문이다. 언어란 뜰채와 같아서, 뜰채의 망이 성기면 큰 고기만 건져 올릴 수 있고, 그 사이에 존재하는 수없이 작고 미세한 존재들은 모두 빠져나가 버린다. 진짜 낚시라면 큰 고기만 잘 건져도 성공이겠지만, 우리가 언어라는 뜰채로 우리를 둘러싼 세상의 모든 것들을 바라보고 포착하고 이해하고 타인과 소통해야 한다면, 성기고 허술한 뜰채보다는 촘촘한 뜰채를 갖추고 더 많은 것들을 건져 올려야 다채롭고 충만한 삶이 되지 않겠는가. '비주얼 리터러시'란 세상을 더 오래 더 깊이 보고, 섬세하고 세밀한 많은 것들을 건져 올리기 위한 고운 뜰채 같은 것이다.

이를 위해 개발한 교과목이 '이미지의 기원과 비주얼 리터러시'다. 물론 이 과목도 미술사를 기반으로 한 수업이지만 전통적인 미술사와 다른 점은 우선 미적 대상이라기보다는 소통의 매체로서 미술품의 조형적 요소를 분석한다는 것이다. 그리고 미술품들을 시대순, 지역별로 구분해 흐름을 살피는 미술사의 방식에서 벗어나 목적과 주제에 따라 분류한다. 조형적 요소를 분석하여 작품의 형식을 파악하는 건 작품의 목적과 주제를 명료하게 이해하기 위해 중요한 과정이다.

본격적인 강의는 우선 자화상과 초상화의 역사를 통해 '이상적 개인'과 '이상적 자아'의 요건이 사회적 상황 안에서 어떻게 다른지를 살피는 것으로 시작한다. 주제는 이렇게 나와 개인에서 시작해 점점 더 넓은 범주로 확장된다. 종교 미술과 정치 선전 및 공공 기념비와 국가 상징물을 통해 권력과 권위가 이미지를 타고 어떻게 생산 및 파급되어 현재의 사회 구조를 유지하는 데 영향을 미치는지 이해하게 된다. 서양 미술사에 등장하는 수많은 여인상을 통해 '여성성'이 어떻게 구축되어 오늘날까지 이어졌는지 파악하고, 19세기 오리엔탈리즘의 맥락 안에서 서구인들이 만들어 낸 '동양'에 대한 인식이 어떻게 식민주의에 기여했는지 살펴본다. 오늘날 매스 미디어에서 유통되는 '인종'에 대한 고정 관념과 편견이 이미지를 통해 어떻게 확대 재생산되는지, 이렇게 널리 유통되는 이미지가 인공 지능의 편견과 오류로 이어져 또다시 데이터로 편입되는 순환의 과정을 논의한다. 나아가 사실주의 미술이나 보도 사진 혹은 다큐멘터리처럼 현실 고발이라는 사회적 기능과 목적이 뚜렷한 이미지들이 드러내거나 은폐하는 윤리적·정치적·사회적 이슈들을 살펴보고 '진실'과 '현실'이라는 개념에 대해 비판적 시각을 키운다. 이 과정에서는 과학적 발견이나 기술의 진보와 같은 일견 가치 중립적이고 절대적 지식이라고 통용되는 개념들에 대해서도 의심을 키우게 된다. 결과적으로 이 수업에서는 소통의 수단으로서 이미지의 힘을 강조하지만 바로 그래서 이미지를 의심해야 할 필요성이 부각된다.

　여기서 중요한 건 글쓰기, 발표, 토론을 통해 '보는 방식'을 훈련하고, 시각적 이미지를 문자적 텍스트로 전환하는 기초적인 연습이다. '보는 방식'을 배우는 건 소설을 읽기 위해 우선 한글을 배워 읽을 줄 알아야 하는 것과 같은 이치다. 기역, 니은, 디귿부터 배워야 비로소 글자를 알고 문장을 읽는데, 문장을 읽어야 줄거리를 알게 되고, 줄거리를 안 뒤에 소설의 시대적 배경까지 알아야 깊은 의미를 깨닫고 소설의 세계가 내 삶과 연결이 될 것이다. 마찬가지로 선, 색, 형태, 구도, 공간, 깊이, 명암, 질감 등 이미지의 형식적 요소를 이해하는 건 글자를 읽는 것처럼 이미지가 전달하고자 하는 정보를 명확히 파악하기 위한 기초다.

회화의 색채를 예로 들면, 서로 다른 여러 가지 색을 썼는지 아니면 단일한 색조를 썼는지, 색들은 서로 충돌하는 보색인지 아니면 서로 비슷한 색조인지, 색들은 따뜻한지 아니면 차가운지, 같은 색이라도 밝은지 어두운지 등을 하나씩 차근히 따져 보는 것이다. 색상환에서 인접한 색들, 즉 유사한 색들이 반복되면 차분하고 편안한 느낌을 주지만, 지나치게 어두우면 음침하고 불길한 기분이 든다. 색상환에서 서로 마주 보는 색들, 즉 보색들이 병치되면 눈을 자극하여 감정이 고양되는데 그 색조에 따라 활기와 열정이 느껴질 수도 있고 흥분이나 공포를 유발할 수도 있다.

색은 즉각적이고 또 감정적이다. 우리가 어떤 상품을 봤을 때 드는 '어머! 저건 사야 해!'라는 생각은

90초 안에, 90퍼센트는 색깔 때문에 일어난다. 수업 중 학생들에게 잘 알려지지 않은 추상화를 보여 주고 이 그림을 기숙사 방에 걸고 싶은지 아닌지 물어보는데, 대부분은 색이 어둡고 칙칙해서 방에 두기 싫다거나, 색이 밝고 환해서 방에 두면 좋겠다고 대답한다. 이처럼 색에 따라 연상되는 기분은 온전히 주관적이거나 자의적이기도 하고, 글자 그대로 자연스러운 작용이기도 하다. 오렌지색이나 노란색이 따뜻한 이유는 불꽃이나 태양빛의 색이기 때문에 직관적으로 온화함이 연상되고, 초록색이 청량감을 주는 이유는 온화한 봄과 여름에 생동하는 산과 숲의 색이기 때문이며, 검은색은 그야말로 빛이 없는 어둠의 색이기 때문에 우울을 불러온다.

색채의 상징은 문화적으로 규정되기도 한다. 서양에서 파란색은 신성을 상징하는 고귀한 색이다. 그중에서도 명도가 낮고 채도가 높은 군청색, 울트라마린은 황금보다 고가인 청금석라피스 라줄리을 갈아 만드는, 세상에서 가장 비싼 안료다. 이집트에서는 육천 년 전에 이미 3,500킬로미터 떨어진 아프가니스탄에서 청금석을 수입해 안료로 썼다. 그야말로 '대양을 건너서ultra marine' 도래하는 이토록 눈부신 파랑은 그 자체로 희귀하고 신비롭기 때문에 이집트에서는 파라오의 전유물이었고, 중세 이후로는 성모 마리아의 순수하고도 신성한 영혼을 상징하는 색이 됐다. 라파엘로, 미켈란젤로, 보티첼리Sandro Botticelli 등 수많은 르네상스 거장들이 그린 성모 마리아는 예외 없이 푸른 망토를 입었고, 예수 그리스도는 희생을 상징하는 핏빛 빨강을 입었다.

빨강을 입은 아들과 파랑을 입은 엄마라는 기독교 미술의 공식은 20세기 이후 뒤바뀌었다. 빨간색과 그 파스텔 톤인 핑크가 여자아이의 색이 되고 파란색과 그 파스텔 톤인 하늘색이 남자아이의 색으로 굳어진 건 20세기 마케팅의 산물이다. 2000년 이후 대한민국의 육아를 책임지는 「뽀롱뽀롱 뽀로로」에서도 날고 싶은 원대한 꿈을 가진 수컷 펭귄 뽀로로는 파란 옷을 입고 모험을 추구하나, '요리 공주'인 암컷 비버 루피는 머리끝에서 발끝까지 분홍으로 치장하고 쿠키를 구워 친구들을 먹여 살리기에 바쁘다. 파란 옷을 입은 영리한 에디와 듬직한 포비는 수컷, 연보라색 원피스를 입고 극중에서 '예쁨'을 담당하는 발랄한 패티는 암컷 펭귄이다. 덕분에 뽀로로와 함께 자란 우리 집 여자 유치원생 어린이는 파란 옷을 입은 캐릭터는 무조건 남자라고 우기고, 혹여 바지를 입히면 나라를 잃은 듯이 울다가, 온몸을 핑크와 보라로 둘둘 감아야 비로소 만족스레 집을 나선다.

학생들에게 내주는 첫 번째 과제는 여럿에게 공개되는 본인의 SNS 계정 프로필 사진을 분석하는 과제, '나의 사회적 이미지'다. 학생들은 이미 색채, 구도, 선, 형태, 공간 등 미술의 조형적 요소와 초상화 및 자화상의 사회적인 의미를 배운 다음이다. 과거에 초상화는 한 개인을 이상화하여 공공에 내세우는 역할을 했다. 예컨대 18세기 영국의 산업 혁명 이후에는 자수성가한 제조업자가 초상화를 주문하고 그 배경에는 그에게 엄청난 부를 안겨 준 그의 발명품이 등장한다. 그 이전까지 초상화란 왕실과 귀족의 전유물이었고 그 배경에는 주인공의 고귀한 신분과 유서 깊은 가문의 역사를 보여 주는 영지領地, 고성古城, 문장紋章이 등장했다. 그렇다면 21세기 대한민국의 공과대학에 재학하는 우리 학생들의 정체성을 이루는 요소는 무엇이며 그중에서도 학생들은 어떤 자신을 타인들에게 알리고 싶어 할까.

'프사'를 소재로 선택한 건 오늘날 초상화의 역할을 프사가 담당하기 때문이다. '프로필 사진'의 준말인 '프사'는 나의 정체를 증명하기 위해 자발적으로 공공에 공개한 사진을 가리킨다. 프사로 쓰기 위해 주의를 기울여 사진을 찍는 학생도 있고, 어쩌다 찍은 사진이 마음에 들어 선택한 학생도 있고, 때로는 본인의 얼굴이 전혀 드러나지 않게 처리하거나 아예 사진 설정을 하지 않는 학생도 있다. 이러한 선택은 그 자체로 바깥에 드러내고자 하는 자신의 페르소나를 반영한다.

미술의 형식 분석과 미술사의 자화상 및 초상화를 공부한 학생들은 놀라울 정도로 면밀하고 객관적으로 자신의 이미지를 분석해 제출한다. 아래는 2022년 2학기 수강생의 과제물 중 일부다.

따뜻한 색조의 노랑, 갈색 등 유사한 색들이 사용되어 전체적인 분위기가 따뜻하고 안정적이다. 또한 채도가 낮고, 화면의 질감이 거칠어 빛바랜 듯한 오래된 사진으로 보인다. 빛의 대비도 아주 강렬하진 않지만, 미세하게 안으로 갈수록 밝아져 가운데 세 사람을 은은히 강조하고 있다. 또한 광원이 가운데에 가장 많이 위치해 시선을 더욱 중앙으로 집중시킨다. (…) 뒤에서 몰래 찍는 듯 세 사람 모두 카메라를 신경 쓰지 않고 사진을 찍거나 엽서를 응시하는 듯 자연스러운 제스처를 취하고 있다. 이는 너무 요란하거나 인위적인 것을 싫어하고, 자연스럽고 편안한 분위기를 추구하는 나의 특성을 잘 담고 있다.

세 사람이 모두 카메라로부터 등을 돌려 얼굴이 안 보인다는 점, 장소를 특정할 만한 요소를 담지 않고 있다는 점은 관객의 호기심을 유발하는 한편, 본인이 살짝 폐쇄적이고 자신을 잘 드러내지 않는 내성적인 사람임을 보여 준다. (…) 이렇게 나에 대한 제한적인 정보를 제공해 보는 이들과 약간의 선을 긋는 한편, 비슷한 성격과 취향을 가졌지만 아직 친해지지 못한 사람들에게 호기심을 유발하고 호감을 갖게 해 관계를 발전시키고자 했다. (…) 이를 통해 이 이미지는 주 관객인 아직 애매한 관계의 지인들에게 적당한 수준의 정보를 제공하면서도, 인물의 근황과 취향을 알려 더 친밀한 관계로 나아가게 하기 위한 발판으로 쓰이고 있음을 알 수 있다. (김수민)

다음은 '과학 혹은 기술에 대한 사회적 인식'을 잘 드러내는 대중 매체의 이미지를 선정하여 분석하는 과제 중 일부로, 이난희 학생은 영화 「월-E」의 한 장면을 묘사했고, 김희정 학생은 천연 화장품 광고를 분석했다.

다음으로 주위에는 밝고 푸른 빛과 하얀색 EVA 로봇들이 있습니다. 이들은 굉장히 깔끔하고 완벽한 모습으로 보입니다. 푸른 빛이 더해진 하얀색 로봇은 수술실 장면과 같이 은근한 긴장감을 느끼게 하며, 심지어는 건드리면 안 되는 신성함까지 느껴집니다. 과학 기술이 고도로 발전한다면, 이는 사람이 임의로 바꾸거나 건드리기 어려울 것이라는 생각을 보여 줍니다. (이난희)

제품 용기에도 적혀 있듯이 이 제품은 천연 화장품으로, 자연에서 추출한 성분을 사용했다는 것을 보여 주기 위해 왼편에는 초록색 식물을 배치하였습니다. 정작 제품의 모습은 흐리게 보여 오히려 제품보다 왼편의 식물 이파리가 더 강조되고 있습니다. 배경에 보이는 바구니도 옅은 갈색의 식물 줄기 같은 것을 엮어 만든 형태를 가지고 있어 자연을 한 번 더 떠올리게 되고, 바닥에 깔린 흰 천은 순수하고 깨끗한 인상을 줍니다. (…) 이미지는 합성 화학 물질에 대한 거부감과 천연 물질에 대한 환상을 동시에 보여 줍니다. 대중은 인위적으로 합성된 물질은 환경과 인체에 유해하고, 자연으로부터 얻은 천연 물질은 안전하다고 여기는 경향이 있습니다. (…) 그러나 실제로 식물은 우리 몸에 좋은 영향만을 주지는 않습니다. (…) 식물이 자발적으로 인간에게 유용한 물질을 준다는 것은 인간 중심적인 사고에서 오는 착각일 뿐입니다. (…) 천연 물질은 조성이 복잡하여 특정 물질에 대한 통제가 어렵고, 식품의 유해 요인 또한 합성 첨가물보다는 천연 식품에서 문제가 생기는 경우가 대부분입니다. (김희정)

과제의 평가 또한 학생들과 함께한다. 교수자와 같은 기준으로 이미 같은 과제를 수행한 동료들의 과제를 평가하면 기준을 더 명확하게 이해할 수 있을 뿐 아니라, 추후의 과제를 수행하는 데 있어서도 많은 도움이 된다. 나와 학생들의 평가가 갈리는 경우가 종종 있는데 그럴 때는 전공자로서 내 기준과 비전공자로서 학생들의 기준을 비교할 수 있는 기회가 되기도 한다.

아래는 김희정 학생의 과제를 평가한 동료 학생의 평이다.

광고 이미지는 자주 접하면서도 별다른 생각이 없었는데, 제품 홍보 및 판촉이라는 명확한 의도를 가지고 만들어지는 이미지라는 점에서 광고 속 배치나 사물들이 어떤 의도를 품고 있는지를 살펴보는 것도 재밌다는 생각이 들었다. 화장품의 광고 이미지부터 시작해서 대중들이 인공 화합물에 가지고 있는 생각을 풀어 나간 것도 흥미로웠다.

이처럼 일상에서 끝없이 마주치는 시각적 자극을 분석하고 이해하며 해석할 수 있는 '비판적 이미지 해독 능력'과 더불어 지식을 전달하고, 의견을 표출하며, 감정을 전달할 수 있는 명료한 글쓰기 능력을 함양하는 것이 본 과목의 궁극적인 목적이다. 학생들은 한 학기 동안 꽤 많은 과제를 수행하는데, 이들을 확인하면 점진적으로 보는 능력과 본 것을 글로 옮기는 실력이 늘어나고 있음을, 그래서 세상을 건져 올릴 그들의 뜰채가 점점 더 촘촘해지는 것을 확인할 수 있다.

이 글을 쓰는 바로 오늘, 종강을 하고 난 한 학생으로부터 "미술관 가서 예술 작품 멀뚱멀뚱 쳐다보는 걸 좋아했는데 이제는 그래도 조금 그림을 볼 수 있지 않을까 생각합니다."라는 메일을 받았다. "멀뚱멀뚱 쳐다보는 것"도 나쁘지 않다. 그래도 그림을 조금 더 볼 수 있다면 더욱 행복할 것이다. 함께 대화를 나눌 이성 친구도 있으면 좋으련만 그건 내 전공

◆ **로히어르 판 데르 베이던, 십자가에서 내리심 부분(목판에 유채/262x220cm/1435년)**
그림을 조금 더 볼 수 있게 된 학생들이 마침내 마음에 둔 친구와 미술관에 가게 되었을 때, '비주얼 리터러시'를 발휘해 상대방의 호감을 얻기를 바라 본다.

이 아니니 알아서 하고, 혹 미술관에 함께 가는 여자 사람 친구가 예쁘게 보이거든 무조건 예쁘다고 하는 대신 "최근 염색과 파마로 더욱 윤기 있고 풍성해진 너의 머리카락이 밝은 색조의 네 얼굴을 후광처럼 둘러싸 대범한 명암의 대조를 이루니 마치 북유럽 르네상스의 거장 로히어르 판 데르 베이던 Rogier van der Weyden의 여인상을 보는 듯 고결하고도 섬세하다." 정도의 묘사를 해 주면 어떨지 생각해 볼 뿐이다.

풍경 속에서
미술하기

■▲▲●

이
성
원

서산중앙고등학교 미술 수석 교사. 우연히 시작한 자연미술 수업을 이십여 년간 지속하고 있으며 자연미술 활동을 통해, 세상을 보는 아이들의 시각이 좀 더 새롭고 엉뚱하고 자유로워지길 바라고 있다. 『자연미술: 자연과 일상이 예술이 되고 위로가 되다』, 『자연미술이 뭐지?: 이성원 선생님과 함께하는 자연미술 수업』을 썼다.

#자연미술

　복잡한 도시에서 살다가 바다가 가까운 서산의 중학교로 옮긴 지 5년째 되던 해, 시험도 끝나고 예정된 수행 평가도 끝난 미술 시간에 자연미술 작품을 같이 보는 감상 수업을 했다. 그날따라 아이들에게 한 번도 보여 준 적 없는 색다른 '작품'들을 보여 주고 싶다는 생각이 들었다.

　"자, 오늘은 선생님과 선생님 친구들이 같이 만든 미술 작품을 감상해 보겠습니다. 혹시 '자연미술'이라는 말, 들어 본 적 있나요?"

　"아뇨……."

　"못 들어 봤어도 괜찮아요. 전에 선생님이 '미술은 자기 마음대로 표현하는 것이다. 내 마음과 생각, 느낌을 주로 모양이나 색깔로 나타내는 것이 미술이다. 그러니 꼭 물감이나 찰흙 말고도 몸짓, 사물, 심지어는 소리로 하는 미술도 있다.' 그런 얘기를 했었죠?"

　"예, 그런데 소리로 하면 음악 아닌가요?"

　"좋은 질문입니다. 음악도 있지만 요즘은 미술가

들이 소리나 이미지, 동영상으로 작품을 만드는 경우도 많아요. 오늘 보게 될 자연미술 작품들도 좀 특이한 재료와 방법으로 이루어졌습니다. 자연미술은 자연 속을 천천히 걷거나 한 장소에 머무르면서 보고, 듣고, 만져 보고, 향기를 맡기도 하고 그러다가 거기서 떠오르는 뭔가를 새롭게 발견하기도 하고 보물찾기하듯 찾아내기도 하고 연결하기도 하면서 작품을 만드는 미술입니다. 설명만 들어서는 잘 모르겠죠? 그럼 작품을 하나씩 볼까요? 이 작품은 선생님이 공주에서 부여로 서너 시간 동안 친구랑 천천히 걸어가다가 찍은 작품입니다."

한참 설명을 이어 갈 무렵, 맨 뒤에 앉아 늘 딴생각을 하는 듯한 표정을 짓던 아이가 나를 만난 이후처음으로 질문을 한다.

"쌤! 저게 어디가 작품이에요?"

"예?"

"아, 그러니까요, 저 사진이 뭐가 작품이냐구요."

"아, 그게……. 이건 자연 속에서 자연물로 만든 자연미술 작품입니다. 자연미술은 좀 전에 말한 것처럼 대체로 이렇게 자연물이나 자연 현장에서 만나는 상황으로 작품을 만들어요."

◆ 이성원, 무제(1990)
"야, 저런 게 작품이면 누가 못하냐? 나두 하겠네!"

"그럼 저 손에 있는 민들레가 작품인가요, 아니면 손하고 민들레하고 합쳐서 찍은 저 사진 전체가 작품인가요? 제목은 뭔데요?"

"제목요? 이 작품은 무제예요. 제목이 없다는 뜻입니다."

"작품이 아니니까 제목을 못 지은 거 아닌가요?"

질문은 점점 구체성을 띠기 시작했지만 저 사진이 어째서 미술 작품인지 미술 교사인 나는 학생에게 명쾌하게 설명하지 못했다. '그냥 작품'이라고 할 수도 없고……. 우물쭈물하고 있던 그때, 별로 크지도 않은 말소리가 내 귀에 들어왔다.

"야, 저런 게 작품이면 누가 못하냐? 나두 하겠네! 그치?"

"아, 그래? 그럼 다음 주에 해미읍성 나가서 같이 한번 해 볼까?"

그때부터 나는 준비한 작품 중에서 되도록 쉽고 유머러스한 사진들을 작정하고 보여 줬다.

"이 지렁이 얼굴도 선생님 작품입니다. 어느 날 지렁이가 온몸에 모래흙을 묻히고 시멘트 길을 건너고 있었어요. 어차피 모래도 좀 묻었겠다, 샘이 눈, 코 모양을 만들어 놓고 지렁이를 입으로 설정해서 찍은 작품입니다. 지렁이를 살짝 건드렸더니 몸을 막 비틀고 움츠리고 그러더라고요. 저렇게 한 일 분 정도 해 본 뒤에 막대기로 집어서 풀밭에 잘 내려 줬어요. 지렁이에게는 좀 미안했지만 저렇게 움직이는 모양에 따라 얼굴 표정이 바뀌는 게 재밌지 않나요?"

아이들은 도시에서 왔다던 선생님이 자기들보다도 훨씬 더 촌스러운 사람이라는 걸 이 짧은 시간에

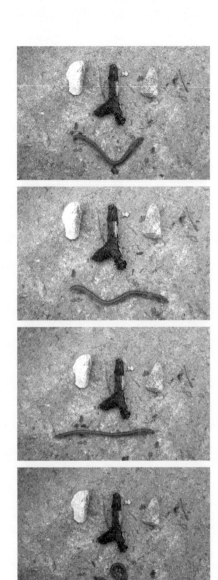

◆ **이성원, 지렁이 얼굴(2011)**
우리는 기어다니는 지렁이로도, 돌멩이로도 작품을
만들 수 있답니다.

다 알아 버리고 말았다. 아이들은 무장 해제되었고 깔깔대느라 정신이 없다.

그렇게 해서 아이들과의 자연미술 수업이 시작됐다. 해미읍성으로 아이들을 데리고 나간 첫 시간은 수행 평가도 아니었다. 그냥 소풍 나왔다 생각하고 편안하게 걷다가 멈춰 서고 힘들면 벤치에 앉아 있기도 하면서 떠오르는 걸 뭐든 표현해 보라고 했다. 처음에 아이들은 얼굴을 닮은 모양을 가장 잘 찾아내고 만들어 낸다. 지난 시간에 장난스러운 작품들을 감상해서 그런지 아이들은 자연물로, 몸짓으로 웃기려고 작정한 것처럼 장난을 치고 놀았고 나는 노는 아이들, 심지어 아무것도 안 하고 그냥 앉아 있는 아이들까지도 햇볕을 쬐는 자세가 좋다는 둥, 오늘따라 더 활발하다는 둥 말도 안 되는 이유로 칭찬하면서 하나둘 자연미술의 세계로 끌어들였다. 교실에선 말도 잘 안 하고 눈만 끔벅거리고 앉아 있던 아이가 햇빛 아래서 활발하게 뛰노는 모습을 보며 내 기분까지 덩달아 좋아졌나 보다.

야외 수업이 2~3주 차로 접어들면서 자연미술을 가르쳐 본 적이 없는 교사와 배워 본 적이 없는 아이들은 낯설고 새롭게 전개되는 상황을 점점 즐기기 시작했다. 나무 그루터기에 올라서서 '동상'이라고 이름 붙이기도 하고, 두 갈래로 갈라지는 길머리에 서 있다가 한쪽 길로 걸어가며 '가 본 길과 안 가본 길'이라는 제목을 붙이며 사진을 찍어 달라고 하는 아이도 있었다. 놀랍다는 생각을 하지 않을 수가 없었다. '설마 중학생인 저 아이가 프로스트Robert Lee Frost의 「가지 않은 길」이라는 시를 읽었나?' 하는 생각이 들었다.

아이들은 이토록 철학적인 생각을 아무렇지도 않게 했고 그러면서도 '놀러 나온' 분위기에서 벗어나는 일이 없었다. 아이들도 나도 나가면 즐거웠고 급기야 초코파이를 사 준 날은 한 아이가 학교로 들어오면서 "미술 시간이 소풍 같다."라고 말해 주었다.

소나무 숲이 우거진 환경도 자연미술 수업을 하기에 너무 좋았다. 우리는 나가면 일단 숲길을 한 바퀴 천천히 돌고 나서 수업을 시작했다. 수업을 시작하자마자 뭔가를 열심히 찾는 아이도 있고 뭔가를 만들어 보려는 아이도 있지만 벤치로 달려가 계속 앉아 있거나 그늘진 누각에 올라가 눕는 아이도 있었다. 나는 안전의 문제만 없다면 그 모든 것을 허락했다. 한번은 해미읍성 정문인 진남문 누각에 올

◆ **학생 작품, 돌의 외출(2004)**
한 아이가 박힌 돌을 하나 빼 놓고는 나를 불렀다. 이게 뭐지? 돌의 외출요.
외출? 예, 이 돌이 여기 언제부터 박혀 있었을지 모르지만 답답할 것 같아서
한 번쯤 외출을 시켜 주고 싶었어요.

라가 팔을 난간에 걸치고 누워 있는 아이들을 지나
가던 할머니가 보시고 학교로 신고하신 적도 있었
다. 체육 선생님 두 분이 아이들을 잡으러 와서는
미술 선생님인 내가 아이들과 같이 있는 것을 보고
깜짝 놀라기도 했다. 아이들의 안전이 걱정돼서 그
러셨겠지만 교장, 교감 선생님은 반마다 두세번씩
밖으로 데리고 나가는 수업을 좋아하지는 않으셨고
나는 아이들의 안전을 책임지겠다는 약속으로 문서
까지 만들며 학교 밖 수업을 이어 갔다. 우연히 하
게 됐지만 아이들도 즐거워할뿐더러, 흥미롭고 기

발한 생각들이 쏟아져 나오는 이 수업을 언제까지
든 이어 가고 싶었다.

조용한 아이들의 작품엔 간혹 그들의 '마음'이 담
기기도 했다. 초등학교 때부터 단짝이던 여섯 명의
여학생 중 한 명이었던 A는 친구들과 함께 B고등
학교에 들어가고 싶었지만 내신 성적이 좀 부족했
다.(서산은 비평준화 지역이다.) 꼭 그 학교에 진학하
고 싶었던 것은 아니지만 단짝 친구 다섯 명과 헤어
질 생각을 하니 마음이 어수선했나 보다. 4교시 내

◆ 학생 작품, 뻥 뚫린 내 가슴(2004)
　때로는 기대하지 않은 채 만난 풍경 앞에서 마음이 열리곤 하는 순간이 있다.

　내 상담을 했지만 뾰족한 수가 없었고 어머니를 모
셔 와서 다시 상담하기로 했다. 평소에 잘 웃고 발랄
하던 A였지만 교무실을 나서는 뒷모습은 젖은 빨래
처럼 축 처져 있었다. 그날 오후, 해미읍성에서 자연
미술 수업을 했다. 아이들은 메뚜기처럼 여기저기로
흩어졌고 나는 그들이 손을 흔들고 소리쳐 부를 때
마다 달려가 사진을 찍어 주기 바빴다. 수업이 중반
으로 접어들 무렵, 저쪽에서 팔을 양 옆으로 벌린 채
말없이 서 있는 A가 보인다. 다가가니 건물 벽의 동
그랗게 뚫린 구멍에 자기 그림자를 대고 서 있다.

"이게 뭐지? 제목이 뭐야?"

"'뻥 뚫린 내 가슴'요."

"아 그래, 참 좋다."

작품을 보고 있자니 마치 '제 마음이 이런데도 원서를 안 써 주실 건가요?'라고 말하는 것만 같았다. 원서를 써 줘야겠다는 결심 같은 생각이 들었다. 천만다행으로 A는 B고등학교에 합격했다. 외롭거나 힘들 때면 이렇게 주변 사물이 먼저 손짓하며 말을 걸기도 하나 보다. 차가운 벽에 나 있던 컴컴한 구멍이 불안한 마음을 어쩔 줄 몰라 쩔쩔매던 열여섯 아이를 불러 세워 위로했던 것처럼……

그렇게 중학생들과 함께 십여 년을 놀다가 고등학교로 옮겼다. 삼 년 내내 대학 들어갈 걱정을 안고 사는 아이들이라서 그런지 자연미술 아이디어가 잘 나오지 않았다. 내가 '망가져야' 할 때가 또 온 것인가? 나는 자연미술 수업을 앞두고 어떻게 분위기를 띄워야 아이들의 활동을 더 잘 이끌어 낼 수 있을지 고민했다. 미술도 수행 평가를 통해 점수를 내야 하는 과목이지만 실기를 하는 동안에는 점수에 연연해하지 말고 즐겁게 빠져들어서 하자고 했다. 나

◆ 이성원, 꽃잎 풍선(목련 꽃잎 불기, 2019)
미술 시간에 안 되는 건 없다.' 나는 갑작스럽고 어이없는 행동으로 아이들 앞에서 자주 '망가졌다'.

◆ 학생 작품, 민들레 불기(2022)
나는 졸지에 민들레가 됐다.

는 아이들이 최대한 자유롭게 표현할 수 있는 환경을 만들려고 애썼다. 하지만 아이들에게서 가장 많이 듣게 되는 질문은 이걸 해도 되는지, 하면 안 되는지 하는 등의 허용 범위를 묻는 것이었다. 그럴 때마다 내가 못하게 한 것은 한 가지였다. '그런 질문 자체를 하지 말 것.' 그러면서 나는 바닥에 떨어진 나뭇가지를 머리에 꽂는다든지, 빗자루를 타고 점프를 한다든지 하는 갑작스럽고 어이없는 행동으로 아이들 앞에서 자주 '망가졌다'. 그랬더니 얼마 지나지 않아 그들도 미술 시간에 '놀기' 시작했다.

수업 시간에 자주 '망가지는' 선생님은 이제 만만해진 지 오래, 어느 땐 소품으로까지 추락한다.

"샘, 거기 잠깐만 서 보세요. 멈춰요. 거기!"
"왜?"

그땐 몰랐지만 아이는 내 도움이 필요했던 게 아니라 하얀 내 머리카락이 필요했던 것이다. 아이는 내 머리를 민들레인 양 부는 시늉을 했고 나는 졸지에 민들레가 됐다.

자연미술 수업은 평가할 때도 있었고 평가와는 별

개로 휴식같이 진행되기도 했다. 아이가 얼마나 신선하고 흥미로운 생각을 했는지 그 정도에 따라 한 개의 작품만으로도 점수를 따져서 줬고, 아이디어는 썩 좋지 않더라도 성실하게 많은 작품을 만든 경우에도 개수대로 급간을 나눠 채점했다. 아이들은 '작품성'이든 '개수'든 한쪽만 걸리면 된다는 심산으로 편안하고 자유롭게 활동했고 오히려 작품성이 아닌, 개수만 생각하고 많이 한 아이들에게서 뛰어난 작품이 나오기도 하는 것을 보고 아이들도 나도 놀랐던 기억이 있다.

탁 트인 자연에서 공부나 과제, 미래에 대한 걱정을 잠시 잊은 채 햇살 아래서 자유롭게 걷고 웃고 수다 떠는 아이들의 모습을 보면 그들의 몸과 마음이 자연처럼 건강해진다는 느낌이 든다. 진짜로 쉬고 있다는 생각이 든다. 저 멀리, 고층 아파트가 지어지고 있고 자동차 지나가는 소리는 여전히 들리지만 도시의 제한적인 자연 속에서나마 내 어릴 적 친구들이 놀던 그때처럼 아이들이 편안해 보일 때 나는 그들이 해내는 놀라운 생각들과는 별개로, 어디서 오는지 모를 보람을 느끼곤 했다.

더 많은 아이들과 저 생기 넘치는 야외 공간에서, 꽃 피고 비바람 불고 낙엽이 지고 눈이 흩날릴 때마다, 자연미술 수업을 하고 싶다. 아이들과 함께 거기 있고 싶다.

미술관에서
자라는 아이들

■▲▲●

김
이
삭

국내 최초 어린이 미술관 '헬로우뮤지움' 관장. 전시 기획자이자 에듀케이터로 미국 스미소니언 자연사 박물관과 워싱턴 내셔널 갤러리 오브 아트에서 근무하다 한국으로 돌아와 어린이 미술관을 설립했다. 한 사람의 일생에 영향을 줄 수 있는 진정한 어린이 미술 교육을 구현하고 싶다. 국립중앙박물관 어린이 박물관 개관 기획을 비롯해 '미술과 놀이', '한글꽃 한글꿈', '마이 터틀' 등 어린이와 놀이를 주제로 한 80여 회의 전시를 기획했다.

#미술관 교육 #어린이 미술관

■▲▲●

미술관은 놀이터다

미술관을 한적하게 즐길 수 있는 시간은 주말 아침이다. 마치 조조 영화를 관람하듯이 나는 오전에 미술관 찾는 걸 좋아한다. 전시를 보러 특정 미술관에 가지 않더라도, 사실 나는 매일 아침 미술관으로 출근하고 있다. 미술관은 나의 일터이자 휴무일 발길이 향하는 여가의 장소인 셈이다.

미술관으로 출근한 지도 이십 년. 꽤 길게 느껴지지만, 관객으로 미술관에 다닌 건 그보다 훨씬 오래전부터다. 초등학교 저학년 때부터 놀이터 대신 동네에 있는 작은 미술관에서 놀면서 자랐으니 말이다. 나름 관람객으로서 경력은 삼십 년 가까이 되는 셈이다. 이만하면 베테랑 관객이라고 할 수 있다. 미술관에서 노는 게 좋아 미술관에 취업하고, 퇴사 이후 또 나의 미술관을 설립하고, 그러면서도 세계를 돌아다니며 미술관만 찾아다닌다.

어린 시절의 미술관 경험은 직업뿐만 아니라 내 자아를 형성하는 데에도 많은 영향을 끼쳤다. 이런 경험을 한 사람이 국내에, 적어도 나와 비슷한 연령대에서는 매우 희소했다. 하지만 미국 워싱턴 내셔널 갤러리 오브 아트National Gallery Of Art에서 한 학기 동안 가족 프로그램 담당 인턴으로 근무할 때 만난 큐레이터와 에듀케이터 중 많은 사람들이 나처럼 어릴 적 뮤지엄에 대한 긍정적인 기억을 가진 채 미술관 전문 인력으로 자라게 됐다는 걸 알게 됐다. '나만 그런 게 아니었구나!' 그렇다. 미술관에 오는 아이들은 모두 문화적 삶의 씨앗을 마음에 심고 돌아간다. 단, 그 경험이 재미있고 흥미진진할 경우에만 가능하다. 재미와 흥미의 전제 조건은 자기 주도성이다. 스스로 찾아가서 스스로 즐겨야 한다. 그렇다면 미술관에서 일하는 사람들이 어릴 적 찾았던 미술관은 뭐가 그리 재미있었을까?

나에게 있어 미술관이라는 장소는 특별했다. 누구에게나 무료로 개방되고 언제나 신기한 작품이 가득했다. 어릴 적 놀이터에는 아이들이 참 많았는데, 나는 붐비는 놀이터에서 뛰어다니는 아이들과 날아다니는 공을 피해서 인근에 작은 미술관으로 도피하

곤 했다. 그 모험의 장소에 꼭 함께 가 주는 친구들
이 있었고, 추운 겨울이나 무더운 여름이나 할 것 없
이 이 하얗고 탁 트인 공간은 그야말로 미지의 세계
였다. 신기한 작품이 주기적으로 교체되고, 아무도
나를 간섭하지 않는 곳. 그리고 에어컨과 난방의 혜
택을 누릴 수 있던 그곳은 최적의 놀이 공간이자 친
구들과 나의 아지트였다. 그때 봤던 몇 개의 추상 조
각 작품들이 아직도 기억난다. 모두 이상하고 신기
한 작품들이었다. 아름답다거나 잘 그린 작품은 없
었다. 현대의 미술관이란, 삶에 대한 질문을 던지고
생각하게 만드는 작품들을 전시하는 곳이다. 작품은
모두 알 수 없는 형태와 신기한 물성으로 만들어진
어려운 작품들이었다. 지금 와서 찾아보니 앤디 워
홀Andy Warhol, 아르망Armand Pierre Fernandez, 루이스 부
르주아Louise Bourgeois 등 세계적인 거장의 전시들이었
다. 지금도 기억나는 작품 중에 루이스 부르주아의
설치 작품이 있다. 검정 스타킹 안에 부드러운 솜 같
은 걸 넣어서 만든 아주 독특한 덩어리들이 바닥에
놓이기도, 천장에 매달려 있기도 했다. 나는 아무리
봐도 그 뜻을 알 수 없는 작품들을 자주 찾아가서 들
여다봤다. 작품을 보고 나면 몇 날 며칠을 상상하고,
또 생각했다. 집에 와서 미술관에서 본 걸 그려 보기

도 하고, 다시 미술관에 가서 내 기억이 맞았는지 실물 작품을 보면서 확인하기를 즐겼다. 이제는 사라지고 없는 이 미술관에서 나는 어린이로서 누릴 수 있는 자유로움, 해방감 그리고 끊임없는 상상의 원동력 등을 받는 혜택을 누렸던 것 같다. 미술관이라곤 국내에 몇 개 되지 않았던 1980년대에 이런 혜택을 누렸던 것은 정말 행운이었다. 놀이터는 붐비고, 미술관은 텅 비어 있던 시기에 작품을 유유히 감상하고 나만의 해석을 해 보는 즐거운 일상. 이런 경험을 할 수 있는 미술관이 우리 주변 곳곳에 있다면 얼마나 좋을까?

내일의 미술관을 상상하다

이젠 동네마다 놀이터는 텅텅 비어 있고, 오히려 미술관에는 관객이 많다. 굳이 통계에 의존하지 않더라도 최근 미술관은 눈에 띄게 변모했다. 시설과 전시 여건이 발전한 것뿐만 아니라 미술관을 즐기는 사람 또한 늘어났다. 미술관의 숫자도 이전에 비해 스무 배 정도 늘어서 지금은 전국에 이백여 개의 미술관이 있고, 관객도 이전보다 많아졌다. 지난 몇 년간 미술 시장이 급부상한 것도 빼놓을 수 없다. 여기서 주목할 것은 관객과 컬렉터에 젊은 세대가 합류한 것이다. 1980년대에서 2000년대에 출생한 이른바 'MZ 세대'는 미술관 핵심 관람층이자 미술 애호가들로, 전시회를 즐기는 것은 물론이고 미술 작품을 소장하고, 투자하며, 또 예술가들을 추종하는 팬덤이다. 이전에는 자본가나 기성세대만 누릴 수 있는 고급 문화로 취급되던 뮤지엄이 이제는 자기 계발과 재충전, 그리고 회복과 휴식의 공간으로 인식된다. 미술관 입장에서 젊은 관객 증가는 그런 의미에서 매우 반가운 일이다. 관객에게 미술관은 더 이상 어려운 곳이 아니라 여가의 장소다. 미술관을 찾는 젊은 관객은 왜 늘어났을까?

종로구의 한 사립 미술관, 해외 아티스트 그룹 전시회를 관람하기 위해 추운 겨울 미술관 앞에 생긴 줄서기 풍경이 화제다. 사전 예매를 진행했음에도 불구하고 현장에서 한 시간 넘게 줄을 서서 기다리는 것이 당연시됐다. 빵이나 한정판 운동화를 구매하려고 줄을 서는 '오픈런'을 경험한 젊은 세대에게는 줄서기도 특별한 문화 경험이 되나 보다. 한정판을 '경험'하는 것에 의미를 부여하는 젊은 세대들이 미술관 앞 줄서기 문화를 만들고 있다. 이들이 문화와 예술에 열광하는 이유는 무엇일까? 의견은 분분하다. GDP가 올라가는 등 한국의 경제는 성장했고 그에 따라 생활 수준이 향상되어 문화 향유 기회가 늘어났다고 경제학자는 이야기한다. 유물 중심에서 관객 중심으로 미술관 운영의 패러다임이 바뀌어서 그렇다고 박물관 학자들은 주장할 것이다. 또, 최근 '인증' 문화가 발달하고 자기 과시, 네트워크 지향성을 드러내는 세대의 특성이라는 마케터의 주장도 있을 것이다. 미술관에서 자랐고 현재는 미술관을 운영하는 나는 미술관을 찾는 MZ 세대의 문화 향유 방식을 이해하기 위해서 과거로 잠시 돌아가 보려 한다. 이들은 어릴 적 어떤 경험을 했을까?

나는 미술관에 젊은 관객이 증가한 이유를 '미술관 교육'이 제 역할을 했기 때문이라고 말하고 싶다. 지금의 MZ 세대가 어린이였을 때, 한국 사회는 주 5일로 근무 형태가 바뀌는 엄청난 변화를 겪었다. '워라밸'이라는 단어가 이때쯤 처음 등장했을 것이다. 일하고 성장하는 것만큼 여가와 휴식도 중요하게 생각하는 새로운 삶의 양식과 사회적 분위기가 마련된 것이다. '놀토'에 가족과 무엇을 하면서 여가를 보낼지 고민하는 부모들이 늘고 캠핑, 주말 여행, 맛집 투어 등 가족이 함께할 수 있는 여가 활동이 인

♦ '나는 아빠다'(2022)

　마임이스트 이정훈과 딸 이하루가 함께 퍼포먼스를 선보이고 있다. 이제는 미술관에서 어린이와 가족을 위한 전시나 참여 프로그램을 어렵지 않게 찾아볼 수 있다.

기를 끌면서, 그전까지 방학 숙제를 위해서만 방문하는 박물관, 미술관도 가족의 주말 여행지로 인식되기 시작했다.

　가족 단위 관객이 늘자 뮤지엄들은 앞다투어 교육 프로그램을 개발했고, 어린이와 가족을 대상으로 한 다양한 전시와 교육이 봇물 터진 듯 쏟아져 나왔다. 미술관은 달라졌다. 어려운 작품을 보는 엄숙한 공간에서 만지고 대화하고 참여할 수 있는 체험의 공간으로 탈바꿈했다. 배우고 즐기는 일을 강조하면

◆ '꿈적꿈적'전(2022)
팬데믹이 지난 후, 어린이들이 예술을 통해 적극적으로 세상을 보고 듣고,
느끼고, 관계 맺기를 바라며 진행된 전시이다. 신체 활동과 촉각 활동을 함
께 경험할 수 있도록 제작된 권오상의 작품 앞에서 어린이들이 작품을 보며
전시에 참여하고 있다.

서, 미술관은 학교 밖 교육의 가장 대표적인 장소가
되었다. 이 시기에 미술관의 교육적 역할이 강조되
면서 다양한 미술관 활동의 수혜자였던 아이들이 미
술관을 즐기는 세대로 자란 것이다. 미술관을 경험
하며 성장한 자란 아이들이 어른이 되어 관람 문화
를 바꾸고, 미술 시장도 바꾸고 있다. 미술계 '큰손'
만큼이나 중요한 'MZ 컬렉터'들은 미술품 투자 시
장도 바꾸고 있다. 수억 원을 호가하는 유명 작가의
작품이 아니더라도 상대적으로 저렴한, 젊은 작가의

개성 있는 작품을 수집하는 '작은손'으로 존재감을 드러낸 것이다.

이전에 학교 단체 관람 문화가 입구에서 출구로 줄지어 행진하며 대충 보고 가는 방식이었다면, 이제는 학교 단위가 아니라 학급 단위로 미술관을 찾고, 사전과 사후 관람 학습을 통해서 전시만 보는 것이 아니라 연계된 교육 활동을 진행한다. 따라서 학교에서 미술관을 찾아와 단체 관람을 하면서도 아이들이 향유의 경험을 할 수 있게 되었다. 이 아이들이 자라서 또다시 미술관을 찾을 때 얼마나 성숙한 관람 문화를 만들어 낼지 나는 벌써 기대가 된다. 지금의 젊은 세대가 뮤지엄의 문턱을 낮추었다면, 지금의 어린이들이 만들 뮤지엄은 과연 어떤 모습이 될까?

예술과 놀이의 방정식

예술은 놀이와 닮은 점이 많다. 어린이에게 예술은 놀이이며 모든 어린이는 예술가이다. 놀이와 예술은 자발성과 자기 주도성이 전제된다. 누가 시켜서 행하는 순간 놀이는 놀이가 아니고, 예술도 예술이 아니다.

놀이는 인간을 건강하게 한다. 특히 놀이는 아이들이 건강하게 성장하는 데 필수 요건이다. 오죽하면 저명한 놀이 활동가 편해문이 펴낸 책의 제목도 '아이들은 놀이가 밥이다'일까? 이 제목에서 알 수 있듯이, 우리는 놀이를 통해 성장한다. 하지만 인간을 포함한 포유동물의 놀이는 생존을 위해서가 아니라 오로지 즐거움과 행복을 위해서 행해진다. 놀이는 그 자체가 목적이며 다른 목적을 위한 수단이 되는 순간 더 이상 놀이가 아니게 된다. 그래서 놀이가 가지는 가장 중요한 특징 중 하나가 '무목적성'이다. 놀이는 그 자체로부터 발생한다. 어렵지만 멋진 말이다. 우리가 영감을 받거나 감동을 받는 순간을 억지로 만들기 어려운 것처럼 놀이도 스스로 발생한다는 것이다. 장난감이나 놀잇감에서 시작되는 게 아니라 놀이는 스스로 발화한다. 철학자 가다머Hans Georg Gadamer는 미적 행위는 본질적으로 놀이에 속한다고 주장했다. 예술 작품이 가진 특징이 놀이의 본성과 일치한다고 본 것이다.

몇 해 전 한 드라마에서 "난 원체 무용無用하고 아름다운 것들을 좋아하오."라는 대사를 본 적이 있다. 쓸모없는 것들을 좋아하는 주인공은 부잣집 도련님

◆ '꿈적꿈적'전(2022)
1세대 퍼포먼스 작가인 성능경과 어린이 관객들이 함께 퍼포먼스를 하고 있다. 미술관은 작품을 '보는' 공간에서 작품을 '체험하는' 공간으로 탈바꿈했다.

이었는데 유용한 것들이 지배하는 세상에서 무용한 것을 좋아한다는 이 대사는 나는 물론, 많은 대중에게도 깊은 인상을 남겼다.

예술은 이런 무용한 것 중 하나다. 예술의 본질에는 '자기 목적성'이라는 것이 있다. 예술 자체가 목적이며, 그 외에는 예술의 목적이 될 수 없다는 뜻이다. 예술은 종교, 철학, 도덕 또는 삶의 진리를 드러내기 위해 존재하는 것이 아니라, 예술 자체를 위해서 행해지고 존재한다는 것이다.

인간은 쉬지 않고 일만 하면서 행복하게 살 수 없다는 건 현재를 살아가는 사람이라면 쉽게 공감할 것이다. 인간이 인간답게 존재하기 위해서는 의도 없이 행하는 일, 무용한 행위들이 필요하다. 예술 작품은 무용하게, 자기 목적성을 가지고 탄생한 가장 정제된 형태이다. 따라서 예술 작품을 감상하는 일은 감상자를 일상에서 벗어난 새로운 차원으로 진입시킨다. 작품 감상은 예술 작품의 내용과 형식이 주는 감각적인 즐거움만을 뜻하는 것이 아니라 정서적 감동과 공명을 수용해서 감상자의 내적인 새로운 변화를 만든다. 이 과정을 미술 교육자는 '자기 창조'라는 개념으로 설명하는데, 쉽게 말해서 '재충전과 회복'이라고 할 수 있다. 멀리 여행 가서 휴가를 보내는 대신, 미술관의 작품을 보면서도 우리는 휴식과 회복을 누릴 수 있다는 것이다.

더 이상 아이처럼 신나게 뛰어놀 수 없다고, 긴 여행을 즐길 여유 따윈 없다고 말하는 이들에게 미술관으로 가서 작품을 감상하길 권해 보자. 예술 작품이 감상자의 영혼을 위로하고 달래 줄 것이다. 예술 작품을 감상하는 즐거움을 한 번이라도 맛본 사람이라면, 감상이 삶을 얼마나 풍요롭게 하는지 느낄 수 있을 것이다. 감상은 놀이처럼 자기 주도적으로 발생하는, 예술 작품과 나누는 내적인 대화다. 굳이 유명 미술관을 찾지 않아도, 주변의 작은 미술관에서도 가능한 작은 휴식이다.

그런데 요즘 디지털 네이티브들은 놀이도 휴식도 디지털 기기와 함께한다. 여기서 파생되는 신체적·정신적·병리적 현상들은 비단 국내에만 해당되는 이야기는 아닐 것이다. 전 세계 교육자들은 미디어 기반 놀이 시간이 증가하는 반면 자유로운 놀이 시간은 감소하는 것에 대해 우려하고 있다. 특히 바깥 놀이Active-free Play 시간의 감소는 어린이의 행복과 발달에 직접적으로 영향을 끼친다는 것이 다양한 연구에서 보고된 바 있다. 바깥 놀이의 결핍이 아동 발달에 미치는 부정적인 영향이 인지되면서 놀이터 환경 개선과 놀이 공간 확보가 강조되고 있다.

한편 미세 먼지, 폭우와 한파 등 기후 위기를 비롯한 환경적 문제 때문에 바깥 놀이보다 실내 놀이 공간이 선호되면서 보다 적극적인 바깥 놀이를 경험할 수 있는 실내 놀이 공간을 만들려는 움직임이 늘고 있다. 예술 작품을 보고, 예술을 표현하고 예술과 놀게 하는 시설은 실내 놀이터보다 적극적인 대안이 될 수 있다.

실존하는 문제를 해결하고, 위기를 극복하는 데 필요한 역량은 어떻게 어디서 배울까? 미래 교육에 관한 질문이다. 학교 밖에도 그토록 중요한 역량과 기술을 배울 기회가 있을지도 모른다. 미래 교육의 방향성은 지식 중심의 교육이 아니라 '창의, 융합, 소통'을 강조하는 새로운 방식을 추구해야 한다. 예술은 미래 교육에서 강조하는 역량을 배울 수 있는 안성맞춤인 분야 중 하나이다. 예술의 이러한 영향력은 다른 어떤 분야와 견주어 보아도 강력한 것이라고 할 수 있다. 그리고 예술을 학교 밖에서 교육적으로 경험하고 향유할 수 있는 곳이 바로 미술관이다. 미술관에서 자란 아이들이 문화 예술 전문 인력으로 성장하고, 미술관 교육을 받고 자란 아이들이 지금 미술관 관람 문화를 바꾸고, 미술 시장의 판도를 바꾸는 영향력 있는 MZ 세대로 자란 것처럼, 미술관은 배움을 위한 커뮤니티가 되어 더 많은 어린이들에게 예술을 감상하고 경험하면서 배움의 기회를 제공할 수 있다. 이제 우리나라에도 다양한 콘셉트를 내세운 공립과 사립 미술관이 전국적으로 들어서 있다. 그리고 대부분의 미술관은 다양한 고유의 교육 프로그램을 제공한다. 미술관을 우리 배움의 커뮤니티에서 중추적인 기관으로 삼아 보자.

미래 교육의 방향성은 지식 중심의 교육이 아
니라 '창의, 융합, 소통'을 강조하는 새로운 방
식을 추구해야 한다. 예술은 미래 교육에서 강
조하는 역량을 배울 수 있는 안성맞춤인 분야
중 하나이다.

마음을 그려 줄게

■▲▲● ────────────────

주
리
애

미술치료 및 상담심리 연구자. 한양사이버대학교 미술치료학과
에 재직 중이다. 마음이 다쳐 자신을 찾는 이들과 미술을 매개로
만나며 그들의 상처를 치유하는 작업을 하고 있다. 『혼자서 시작
하는 아트 테라피: 그림으로 마음의 안부를 묻다』, 『미술심리진
단 및 평가』, 『미술치료 요리책』 등의 미술치료에 관한 연구서와
대중서를 다수 지었다.

───────────────────────────────

#미술치료 #그림에 나타난 심리

■▲▲●

4주째 은정(가명, 16세)이는 똑같은 것만 그리고 있다. 처음 미술치료실에 들어왔을 때 아무것도 하지 않겠다고 했던 것에 비하면 장족의 발전이지만, 그림을 그리고 나서 아무런 설명도 해 주지 않는 데다 마치고 나갈 때까지 여전히 무뚝뚝한 표정을 풀지 않고 있는 것을 보니 별로 나아지지 않은 것이 아닌가 싶어 조바심이 생겼다. 이러다가 그냥 상담이 종료되면 어떡하지 하는 불안감도 스멀스멀 올라왔다. 그런 불안감에 떠밀려서 충분히 기다려 주지 못하고 이것저것 제안하던 신참 치료사 시기도 있었다.

돌멩이를 품은 아이

어른을 경계하거나 배척하는 것은 상처 입은 청소년의 흔한 반응이기는 하지만, 이를 얼마만큼 기다리고 언제쯤 청소년에게 다가가야 할지 판단하는 것은 미술치료사의 몫이다. 이를 위해 내가 터득한 방법은 마음에서 내담자(상담받는 사람)를 상징하는 이미지를 떠올리는 것이다. 똑같이 우울의 문제로 왔다고 하더라도 어떤 이의 우울에서는 물에 젖은 솜을 떠올릴 수 있고, 또 다른 우울에서는 벌겋게 달아오른 쇠붙이, 혹은 버려진 유리 조각을 떠올릴 수도 있다. 이 작업은 언어로 정리하고 파악하는 것과 결이 다른, 직관적인 이해가 포함되어 있어 심리 상담 과정에서 미술치료사로 하여금 내담자에 관해 꼭 필요한 이해와 공감을 종합적으로 이루게끔 한다.

이렇게 떠올린 이미지는 일반적으로 이야기하는 첫인상이나 느낌과는 약간 다르다. 미술치료사의 직관과 감각을 사용해서 내담자의 문제와 심리적 상태를 형상화한 것이므로 이 이미지는 치료 과정에서 어두운 길을 비추는 등불 같은 역할을 한다. 치료의 방향이 올바른지, 치료적 개입은 적절한지, 치료의 속도는 어떠한지 등에 대해 끊임없이 점검할 때마다 길라잡이가 되어 주는 것이다.

예를 들자면 이런 것이다. 어떤 청소년 내담자에게서 나는 가늘고 긴 팔다리를 가진 메마른 인물을 떠올렸다. 그 인물은 철창처럼 보이는 문 뒤에 쭈그려 앉아 있었다. 그를 감싸 주는 것도 필요하지만 그 인물이 일어날 수 있도록 영양분을 공급해 주고 철문을 열어 주는 일이 내게는 더 절실해 보였다. 당시에 나는 이 내담자에게 현실을 조금 더 직면시켜야 하는지, 치료 개입을 절제하며 더 기다려 줘야 하는지, 아니면 보다 적극적으로 지지해 주어야 하는지를 결정해야 했다. 떠올린 이미지 덕분에 나는 내담자를 지지해 주는 것을 선택했고 나중에 그 학생은 내 상담이 믿음과 용기를 주고 따뜻하게 와닿았으며 변화를 시도하는 것을 겁내던 자신에게 한번 해 보자는 마음을 먹도록 도와주었다고 말했다.

내가 눈을 감고 떠올린 은정이의 이미지는 차갑고 딱딱한 돌멩이였다. 이 돌멩이 곁에 무엇을 더해 줄 수 있을까? 다시 눈을 감고 무엇으로 그 돌멩이를 감싸 줄 수 있을지 상상해 보았다. 이윽고 잔잔하고 따스한 바람, 돌멩이를 어루만지는 계곡물, 그리고 주변을 밝히는 환한 빛이 떠올랐다. 돌멩이를 감싸 줄 수 있는 것들은 모두 자연의 일부였다. 자연으로 은정이 옆에 머무르면서 안아 주는 것이 필요하겠구나 싶었다.

나는 종종 청소년 내담자들에게 내가 떠올린 그들의 이미지를 말해 주곤 한다. 때로는 그림으로 그려서 보여 주기도 하는데, 그럴 경우 이전까지는 '어른 미술치료사'에게 철벽을 치고 있던 쌀쌀한 내담자들조차 눈을 크게 뜨고 찬찬히 그림을 살펴보곤 한다. 자신의 마음에 들든 아니든, 그 이미지는 대화의 물꼬를 터 줄 뿐 아니라 내담자 자신에 대해 표현하도록 돕는 출발점이 될 수 있다.

은정이의 경우도 예외가 아니었다. 딱딱한 돌멩이를 떠올렸던 나는, 은정이가 사용하는 것과 같은 도화지를 한 장 가져와 거기에 돌멩이를 그렸다. 내가 뭔가를 그리고 있으니 은정이도 흘낏 곁눈질을 했다. 얼마 지나지 않아서 그게 뭐냐고 물어보기에 내 마음에서 너를 떠올렸을 때 이런 모습이었노라 말해 주었다.

은정이는 눈을 약간 크게 뜨더니 뾰로통한 표정으로 말했다.

"선생님, 저는 이렇게 딱딱하지 않아요. 저는 오히려 더 둥글고 연약해요."

"그래? 그렇구나. 그럼 혹시 '둥글고 연약한 너'를 그림으로 그려 줄 수 있겠니?"

그다음의 관문은 훨씬 더 부드럽게 열렸다. 은정이는 먼저 분홍색과 살구색 파스텔을 사용해서 반원 형태의 넓은 선을 그었다. 그러고는 반원 안에 '나'라고 적었다. 잠시 자신의 그림을 바라보던 은정이는 "아니야."라고 혼잣말을 하더니 어두운 파랑색 파스텔로 반원 전체를 감싸는 외곽선을 진하게 그었다. 그러고는 위쪽 부분에 여러 번 덧칠을 해서 더 두껍고 진한 선을 만들었다.

나는 은정이가 그림을 완성하는 것을 기다렸다가 표현한 것의 의미와 느낌에 대해 물었다. 은정이는 자신이 쉽게 상처를 받는 타입이며, 분홍색과 살구색의 반원이 여린 속살 같은 자기 마음을 나타내 준다고 했다. 상처받는 게 싫어서 딱딱한 껍질로 자신을 둘러싸고 있을 뿐인데, 사람들은 자신을 강단 있고 똑부러진 사람으로만 생각한다고 했다. 친구들에게 쉽게 마음을 열지 않았던 건 혹시나 상처받을까 겁이 나서 나름대로 보호막을 두른 것이라고도 했다.

"선생님도 너의 겉모습만 봤나 보다. 충분히 알아봐 주지 못해서 미안하네."

"아니에요. 음, 그래도 선생님은 저를 잘 표현해 주셨어요."

"어떤 면이 그러니?"

"딱딱하지만 막 뾰족하거나 그렇진 않잖아요. 둥근 돌멩이로 그려 주셨으니까요. 그리고 제가 그림을 그리고 나서 보니까, 저도 핑크색 마음을 보호할

수 있는 갑옷 같은 딱딱한 뭔가를 필요로 했다 싶어
요."

"그렇구나. 은정이 네게는 '보호한다, 상처받지 않
는다'라는 것이 매우 중요한 의미를 갖는 것 같아."

"맞아요. 사실 제가……."

그렇게 물꼬를 튼 우리 대화는 처음으로 길게 이
어졌다.

라포르 만들기:
시선으로, 손짓으로, 다시 시선으로

내담자와 치료사가 진정으로 마음을 열고 연결되
는 관계를 '라포르rapport'라고 부른다. 성인 내담자
들은 자신의 시간과 돈을 들여서 문제를 해결하고
자 찾아오기 때문에 첫 회기에도 라포르가 형성되
는 편이다. 하지만 청소년들은 조금 다르다. 청소년
은 자기 의지로 심리 상담을 받으러 오는 경우가 적
다. 학교에서 문제를 일으켜서 일종의 징계처럼 상
담을 받거나, 부모의 손에 이끌려 오는 경우가 훨씬
더 많다.

자신이 선택하지도 않았고 시간과 돈의 소비도 관
심 밖이어서인지, 청소년과 라포르를 형성하기까지

는 시간이 걸리는 편이다. 의존적인 성향이 강할 경우 금방 형성되기도 하지만, 그러한 라포르는 상담해 주는 선생님에게 잘 보이고 싶다는 욕구로 변질되어 자신을 더 포장하거나 거짓말을 살짝 곁들이기도 해 오히려 치료에 걸림돌이 되기도 한다.

청소년의 무기력도 치료를 어렵게 만든다. 자발적으로 시작하지 않은 치료 관계라서 그런지 치료를 망설이는 마음이 청소년에게 남아 있는 데다, 학교와 학원 등에서 에너지를 다 써 버리고 잠도 부족한 상태로 문을 열고 들어오는 그들의 모습에서 무기력이 느껴지는 것은 어쩌면 너무나 당연한 일이다. 초등학교 때부터 경쟁에 내몰려서 시간에 쫓겨 살아온 탓일까. 미술치료실에 들어와서도 이들은 움직이고 싶어 하지 않는다. 요즘 정말 무기력한 청소년들을 자주 보게 된다. 자신이 뭔가 할 수 있는 게 없다는 마음과, 해도 바뀌지 않는다는 체념을 일찍 경험한 것 같다.

은정이도 그러한 청소년 중 한 명이었다. 고등학교 2학년 봄을 지나면서 막무가내로 학교를 자퇴시켜달라고 부모님을 조르자, 충분한 설명도 없이 짜증만 내는 딸을 걱정한 어머니께서 데려온 경우였다.

무겁게 가라앉은 청소년에게서 움직일 힘조차 느껴지지 않을 때, 라포르의 시작은 '시선'에서 출발한다. 나는 가만히 상대를 바라본다. 관심의 표현이다. 그런 다음, 그날 사용하게 될 미술 재료를 설명하며 소개한다. 대개는 재료를 바라보는 내 시선을 따라 청소년의 시선도 함께 움직인다.

시선이 움직이는 것은 참 중요하다. 눈이 머무는 곳을 좇아서 마음도 함께 이동하기 때문이다. 나는 내담자의 시선이 미술 재료로 따라오는지를 확인하고 미술치료 시간은 미술 시간과 조금 달라서 잘 그리고 못 그린다는 기준이 없다는 것, 모든 미술 작업은 자신만의 고유한 표현 양식이라는 것, 그림을 통해 감정을 표현하고 마음을 표현하는 일은 소중하다는 것을 말해 준다. 만약 내담자의 시선이 따라오지 않는다면 내담자의 상태를 천천히 더 살피게 된다. 말을 건네 보면서 대답도 살핀다. 그가 시선조차 까딱하지 않는 것이 무기력인지 우울인지 혹은 불안이거나 저항인지 가늠해 본다. 때로는 그러한 그들의 자세를 읽어 주며 마음에 공감하려 애써 보기도 한다.

시선 다음 단계는 손을 사용하는 것이다. 뭔가를 그리거나 만들 때, 그 작은 움직임이 바닥에 눌어붙어 있던 마음을 일으켜 주고 생기를 불어넣는다. 그냥 말만 할 때에 비해, 손으로 하는 작업은 치료를 지속하게 만드는 힘이 있고, 결과물이 보이기 때문에 내담자가 더 집중하게 되는 면이 있다. 무기력하던 청소년들도 어떤 식으로든 미술 작업을 시작하게 되면, 치료의 절반은 성공한 것이다. 우울하고 힘이 없는 아이들, 불안하고 걱정이 많은 아이들, 짜증과 분노로 힘들어하는 아이들 모두 열이면 열, 미술치료를 종결할 때에는 그 무엇보다 미술 작업에 몰두했던 시간이 자신에게 도움이 되었다고 얘기하곤 한다.

청소년을 상담해 본 사람이라면, 이들이 마음을 드러내는 데 얼마나 인색한지 잘 알 것이다. 일그러진 문제 행동을 통해 드러내는 마음의 조각 말고, 들여다봐야 하는 깊은 곳의 마음은 정작 청소년들이 잘 표현하지 않는 영역이다. 그런데 그러한 마음이 미술 작업에서는 조금씩 투영되어 나타나기 시작한다. 특정한 색을 고를 때, 어떤 선을 그었을 때, 대상을 그리고 이야기가 완성될 때 등 미술 작업의 모든 순간에 청소년의 진심이 담긴다. 어머니와의 관계에서 갈등이 많았던 청소년은 마녀를 피해 도망가는 공주를 그렸고, 친구 관계에서 어려움을 겪던 청소년은 축제가 벌어지는 성으로 들어가지 못하는 작은 쥐를 그렸다. 이들이 그림을 그릴 때 자신의 상황을 반영해서 이렇게 혹은 저렇게 그려야겠다고 의식적으로 생각한 것은 아니다. 주어진 그림 재료와 작업 주제를 사용해서 그냥 작업하는 것이 전부다. 그런데 완성하고 나서 보면 기가 막힐 정도로 자신의 마음이 작품에 투영된 것을 발견하곤 한다.

미술 작업을 마친 뒤 이야기를 나누는 시간에는 다시금 시선이 중요해진다. 이때 내담자의 눈빛은 시작할 때보다 훨씬 더 생기가 있고 초점이 뚜렷하다. 자신의 작품을 바라보기 때문이다. 감상자가 되어서 작품을 바라보는 것은 종종 놀라운 관찰과 통찰로 이어진다. 은정이도 작품을 보면서 성숙한 말을 하곤 했다.

"선생님, 가끔 전 작품을 보면서 '아, 내가 좀 객관적이지 않구나.' 하고 생각해요."

"그래? 객관적이지 않다……. 어떤 의미에서 말이니?"

"그림 그릴 때의 느낌과 다 그리고 난 다음에 그걸 볼 때의 느낌이 달라요. 뭐랄까, 그릴 때는 문제들이 되게 큰 것 같았거든요? 근데 완성하고 나서 보면 그렇게 크지 않아요. 그냥 적당하달까요. 음, 그래서 어쩌면 제가 지금 스트레스 받는 일들이라든가, 뭐, 학교생활, 엄마와의 관계 이런 것도 그럴 수 있겠다 싶어요. 전 거기에 묶여 있어서, 아니 묶여 있다기보다 하여간에 어떤 일이 막 진행될 때는 그게 크게 보이거든요. 근데 진짜 한 발자국 떨어져서 보면 크다기보다는 그냥 그럴 수도 있었던 일인 거죠."

라포르 이후:
통로이자 거울이 되어 준 미술치료

어머니로부터 얻은 정보를 토대로 세워 본 은정이의 치료 계획은 이러했다. 은정이의 주 호소는 갑작스러운 자퇴 요구(학교생활 부적응인지 진로에 대한 다른 계획이 있는지 등), 부모와의 의사소통, 정서나 기분의 문제 가능성 등이었다. 내담자로부터 듣게 되는 주 호소는 달라질 가능성이 있지만, 기본 얼개가 바뀌기보다는 약간의 수정이나 추가 정도가 있을 것 같았다. 자연스레 치료 목표는 최선의 진로 선택, 부모와 의사소통 향상, 정서의 안정화 등이 되었다. 이 과정에서 미술은 은정이가 자신을 표현하는 통로이자 스스로를 되돌아볼 수 있는 거울이 되어 주었다.

처음에 라포르를 형성하고 은정이가 자신의 마음을 꺼내기까지 시간이 조금 걸리기는 했지만, 라포르가 형성된 이후에 미술치료 작업은 꽤 속도감 있게 진행되었다. 우리는 종종 그림에 표현된 것과 일상생활의 경험을 연결하면서 의미를 찾는 시간을 보냈다. 학교 적응과 진로에 대해 고민할 때에는 앞으로 펼쳐진 미래를 이미지로 그리는 작업을 했다. '내 앞에 펼쳐진 길', '나의 미래', '미지의 숲속' 등의 주제로 작업하면서 은정이가 원하는 바를 구체화시키고, 걱정하는 것들에 대해서도 이야기 나눌 수 있었다.

부모님과의 관계 향상을 위해서는 가족화, 부모님 인물화, 동물 가족화, 동화를 사용한 가족 그림 등을 그렸고 역할을 바꾸어 대화하는 등 상대방을 이해하는 시간을 가지기도 하며 가족에 대해 이야기했다.

청소년에게 중요한 문제와 연관된 주제로 그림을 그리게 되면, 작업하는 동안 청소년의 마음속에서 많은 일이 일어난다. 어떻게 표현할까 고민하면서 자신의 마음을 더 깊이 들여다보게 되고, 작품의 크기를 정하거나 색깔을 선택하면서 해당 주제에 대한 여러 가지 감각과 감정이 활성화된다. 그래서 미술 작업을 마치고 나서 이야기를 하게 되면 그 주제에 대한 이야기가 매우 풍성해진다. 진로에 대한 고민만 하더라도 그렇다. 은정이에게 학교 자퇴에 대한 고민을 들었다며 어떻게 된 것인지 이야기해 달라고 요청했을 때에는 대답이 짧고 단순했다. 그런데 '내 앞에 펼쳐진 길'을 그리게 되자 앞으로의 진로에 대해 어떤 고민과 생각을 했는지 훨씬 더 구체적으로 표현했다. 생각과 표현이 깊어지면서 은정이가 더 신중해질 수 있는 시간도 벌었다. 부모님과의 관계도 마찬가지였다. 그림으로 표현하면서 이야기를 나누게 되면, 대화가 한층 더 깊어지는 것을 경험할 수 있었다.

나는 거의 모든 미술치료 회기에서 은정이가 자신의 감정을 표현하고 이해하고 소화하게 하려고 애썼다. 미술 작업을 하면서 감정이 표현되지 않을 수 없고, 작품을 두고 대화를 나누다 보면 자연스럽게 감정을 이야기하게 된다. 나는 가끔 은정이에게 그림 속 인물이나 주요 대상(나무, 토끼 등)을 어떻게 느끼고 있는지 물어보기도 하고, 그림에 사용한 색깔이 감정을 표현하는 것이라면 무슨 감정일지 자유롭게 느껴 보자고 제안하기도 했다. 이 모든 작업을 통해서 은정이는 자신의 감정을 좀 더 잘 인식하고 감정에 덜 휘둘리면서 자기 감정을 말로 표현하는 방법도 더 세련되게 다듬어 나갔다.

바람 불어도 괜찮아요, 추우면 뭐라도 껴 입죠

일 년 반 정도가 흐르고 은정이는 어느새 학교 졸업('졸업'이 이렇게 감동적인 단어였냐면서 헤헤 웃던 모습이 기억난다.)을 앞두고 있었고 미술치료도 종결하게 되었다. 마지막 미술치료 시간은 우리가 했던 작업을 쭉 한번 되돌아보고 마무리 지으며 보냈다. 은정이는 상담 초기에 내가 그려 주었던 '돌멩이 그림'과 자신이 그린 '상처 입기 싫은 나'를 다시 보면서 진짜 옛날 일 같다고 말했다. 아마도 물리적인 시간의 변화보다 마음과 관계의 변화가 더 큰 덕분일 것이다.

"그렇구나. 지금은 그 딱딱한 껍질에 싸였던 분홍 속살은 어떻게 되었니?"

"이제 예전의 그 껍질은 버렸어요. 살은 피부도 있고 옷도 입고 있기 때문에 껍질 없이도 괜찮아요. 맨살이 군데군데 있지만, 그것도 나름으론 시원한 상태예요."

"그렇구나. 혹시 바람이 너무 차가우면 어떡하지?" (이 말은, 어려운 상황이 되면 어떻게 견딜 것이냐는 상징적인 질문이었고, 은정이도 이러한 상징을 이해하고 있었다.)

"음, 괜찮아요. 그땐 뭐라도 더 껴 입죠, 뭐."

우리는 이처럼 상징을 사용해서 마음에 대해 이야기했다. 처음 대화를 나눌 때는 일일이 그림 속 표현과 실제 삶 간의 연결성을 확인하기도 하고 서로가 말하는 바의 의미를 풀어서 이야기하기도 했지만, 이내 상징적 단어만 사용하더라도 충분해졌다.

미술치료의 장점 중 하나는, 마음에 대해 안부를 물을 때 상징을 사용한다는 점이다. 마음의 상태나 상처에 대해 직접적으로 묻는 것은 부담을 줄 수도 있고 질문을 받은 상대가 대답할 준비를 하기 위해 뜸을 들여야 할 때가 많다. 하지만 상징을 사용하면 이 모든 과정은 훨씬 더 즉각적이고 충만해지게 된다.

미술치료 과정이 진행되는 동안, 내담자마다 각자 고유한 상징을 개발시킨다. 상징이 만들어지는 과정은 의도적이거나 부자연스럽지 않고 미술 작업을 하다 보면 아주 자연스럽게 나타난다. 재미있는 것은, 그 상징에 담긴 의미에 대해 미술치료사나 내담자 모두 너무 잘 이해하게 된다는 점이다. 그래서 치료 과정 중간에 마음 상태를 점검하고 상처가 낫는 과정을 확인하려 할 때 내담자의 고유한 상징을 사용해서 묻는 것은 마치 우리만의 비밀 암호 같은 느낌도 준다.

상징은 오랫도록 마음에 남는다. 예전의 껍질을
버린 은정이는 일종의 심리적인 탈피를 이뤄 낸 것
이다. 그리고 시원하다고 말한다. 필요하면 언제라
도 옷을 껴입을 수 있다고 하니, 자기 자신을 보호하
는 능력도 좋아진 듯하다. 나는 은정이가 미술치료
를 종결한 이후에도 자신의 상징과 함께 더 성장해
나갔을 것이라고 믿는다.

미술치료 과정이 진행되는 동안, 내담자마다 각자 고유한 상징을 개발시킨다. 상징이 만들어지는 과정은 의도적이거나 부자연스럽지 않고 미술 작업을 하다 보면 아주 자연스럽게 나타난다. 재미있는 것은, 그 상징에 담긴 의미에 대해 미술치료사나 내담자 모두 너무 잘 이해하게 된다는 점이다.

모두를 위한 미술

■▲▲●

송
혜
승

그림책 작가, 실내 디자이너. 어린이들과 미술 워크숍을 진행하며 누구나 읽고 볼 수 있는 그림책의 세계를 표현하기 위해 노력하고 있다. 서울국제도서전 점자·촉각책 전시장, 어린이 도서관, 아동 친화적 가족 접견실 등을 설계하였고 장애인과 비장애인 모두가 함께할 수 있는 미술 놀이 책 『계절을 만져 보세요: 예술 감각을 키우는 미술 놀이』, 점자 그림책 『나무를 만져 보세요』 등을 쓰고 그렸다.

#모두를 위한 미술 #up-cycling art #계절을 만져 보세요

■▲▲●

'나'를 이야기하게 해 준 미술

나의 초등학교 시절은 다른 나라에서 시작되었다. 외교관이셨던 아빠가 스웨덴으로 발령을 받으시는 바람에 그곳에서 학교를 다니게 된 것이다. 친했던 친구들과 헤어지고 전학을 가는 것도 싫은 나이에 말도 안 통하는 나라에서 처음 입학이란 걸 하게 되었다. 지금은 대한민국의 문화와 예술이 세계에 알려져서 많은 관심과 사랑을 받고 있지만 그 당시는 많은 사람들이 우리나라 자체를 잘 모르는 시대였다.

엄마 손을 잡고 학교 복도를 지나 교실 문을 처음 열었을 때를 아직도 생생하게 기억한다. 눈부신 금발과 투명한 푸른 눈을 가진 아이들이 일제히 나를 쳐다봤고 바이킹의 후예다운 거구의 체격에 콧수염을 기르신 담임 선생님이 우리를 맞이해 주셨다. 교실 문 앞까지 와 주셨던 엄마와도 헤어지고 나는 자리에 가서 앉았다. 영화 속에 나오는 장면처럼, 주변 인물들은 움직이고 말하는데 혼자만 정지된 느낌이

딱 그 순간의 나였다.

시간이 얼마쯤 지나고, 선생님께서 미술 재료를 나누어 주셨는데 그것은 다름 아닌 도화지와 크레용이었다. 뒤이어 선생님은 무어라고 말씀을 하셨지만 나는 당연히 알아듣지 못했고 재료가 주는 메시지에 따라 그림을 그리기 시작했다. 내 마음대로 자유롭게 그림을 그리면서 긴장이 조금씩 풀어졌고 옆에 있는 아이들의 그림을 쳐다보는 여유도 생겼으며 그들이 내 그림을 봐 주는 시선도 자연스럽게 느껴졌다.

그림을 그리다 재미있는 것을 발견했던 것이 기억에 남는다. 한국은 뜨거운 여름이 있는 나라였기에 나는 태양을 빨간색으로 그렸지만, 햇빛이 귀하고 백야가 나타나는 그곳의 아이들은 모두가 태양을 옅은 노란색으로 그렸다. 태양을 붉게 그리면서 스웨덴 학교에서 첫 수업은 무사히 지나갔고 나는 조금씩 천천히 학교생활에 적응하기 시작한 것 같다.

나는 아직도 알 수 없다. 먼 이국에서 온 동양인 학생을 배려해서 선생님께서 일부러 미술 수업을 선택하셨는지, 아니면 나와는 아무 상관 없이 원래 계획하셨는지. 하지만 학교 첫날, 언어가 통하지 않았던 단절된 상황에서 미술은 숨구멍이 되어 나를 이야기할 수 있게 해 주었다.

누구나 누릴 수 있는 미술

그 뒤로 많은 시간이 지나 나는 미대를 졸업한 후 인테리어 디자이너로 일하고 있었다. 언제부턴가 엄마는 내게 더 늦기 전에 봉사 활동을 시작해 보라고 권하셨고, 나는 맹아 학교에서 초등학생을 대상으로 하는 미술 수업을 시작하게 되었다. 어떤 특별한 동기나 목적이 있었던 것은 아니다. 미술 수업은 내 전공을 살리면서도 가장 익숙하고 잘할 수 있는 것이었고 미술은 직업이기 전에 하나의 놀이였기에 그 즐거움을 나누고 싶었다. 누구나 누릴 수 있는, 예술의 보편성에 대한 믿음이 있었던 것 같기도 하다.

시각 장애를 가진 어린이들이라고 알고 있었지만 너무 무겁게도 가볍게도 생각하지 않았다. 비장애인도 개인마다 시력이 다르듯이, 시각 장애인도 제각각 볼 수 있는 능력이 다르다. 모두가 이른바 전맹은 아니며 빛과 선명한 색, 큰 글씨 정도는 인지할 수 있는 저시력을 가진 사람도 있고, 같은 시각 장애라 하더라도 시력을 잃게 되는 과정에 조금씩 차이가 있었다. 내가 만났던 아이들도 장애의 정도에 따라 시력의 차이는 있었지만 입체 만들기는 할 수 있었고, 앞서 봉사하신 선생님들과도 찰흙으로 동물, 사

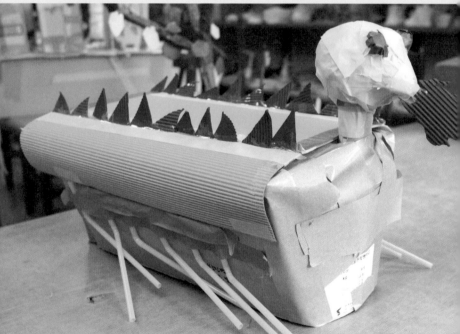

◆ **학생 작품, 거북선(2005)**
아이들이 선생님과 함께 만든 거북선의 모습. 양옆으로 빨대를 붙여 노를 만들고
입에서는 불이 나오는 장면을 표현했다.

람, 나무, 집 등 다양하고 재미있는 조형물을 만들고 있었다.

　자기소개와 일상적인 관심사를 들어 주며 수업을 하다가 이순신에 관한 사극을 재미있게 시청하고 있음을 알게 되었다. 사극은 역사적 위인에 대한 이야기가 사실적이면서도 극적으로 연출되므로 아이들이 빠져들기에 좋은 요소가 많다는 것을 느꼈고 거북선은 아이들에게도 매력적인 대상이기에 좋아하는 것을 만들게 하였다. 처음 대면하는 사람과도 함께 땀 흘리며 운동 경기를 하면 친밀감이 생기듯 미술도 몸을 움직이며 자연스레 어울리면서 작품을 만들다 보니, 아이들과 가까워지는 시간도 다른 상황에서의 만남보다 오래 걸리지는 않았던 것 같다.

　수업을 더해 가며 내용 면에서 뭔가 특별하고 새로운 것을 더하기보다는 내가 보고 느낀 것 중에 좋은 것을 나누려 했다. 우리나라에는 한결같이 아름다운 사계절이 찾아오는데, 사계절마다 다른 색상, 냄새, 소리, 맛, 촉각의 변화를 표현하게 하면서 그 순간의 이야기를 수업에 담았다. 특히 가을은 '자연 문방구'에서 공짜로 마음껏 재료를 담아 올 수 있는 최고의 기간이다. 가을이 되면 아이들에게 준비물로 집 근처의 숲이나 공원에서 땅에 떨어진 나뭇잎, 나

◆ **학생 작품, 내가 주운 나뭇잎과 내가 그린 나뭇잎(2012)**
가을은 자연이 마련한 '공짜 문방구'다. 주워 온 나뭇잎과 그린 나뭇잎을 모아 가을을 표현했다.

뭇가지, 솔방울을 주워 오라고 하고, 나도 공원에서 땅에 떨어진 귀한 재료들을 열심히 주워 가져갔다. 요리사에게 요리는 시장에서 식재료를 구입할 때부터 시작되듯이 재료를 준비하는 순간부터 미술도 이미 시작이다. 주운 나뭇잎과 직접 그린 나뭇잎을 종이에 같이 붙이면서 가을을 만져 보고 솔방울과 나뭇가지에 털실을 돌돌 감으면서 다가올 겨울, 크리스마스트리에 걸어 둘 재미있는 장식을 만들 수 있었다.

지금 생각해 보면 디자이너로 일했던 경험이 수업에 자연스레 우러나온 것 같다. 이탈리아의 예술가 브루노 무나리Bruno Munari는 디자인과 예술을 넘나들며 실험적 작업을 도모한 선구자로 이탈리아의 디자인 발전에 중추적인 역할을 한 인물이다. 어린이를 위한 워크숍을 기획하고 개최하는 등 어린이에 대한 관심과 사랑이 많았던 그는 교육 현장에 있는 선생님들에게 미술 재료를 어떻게 다루는지 잘 모르겠다면 인테리어 전문가를 초빙해서 재료학이나 시각 교육, 기획력 등을 키우는 방법에 대해 설명을 들어도 좋다고 했다. 같은 이유에서 나 역시 내 생활에서 버려진 물건과 자연의 재료를 활용하려고 했다. 가령 인테리어 현장에서 시공이 끝나고 남은 시트지가 있으면 챙겨서 수업에 사용하였다. 시트지는 스티커처럼 접착력이 있으므로 가위로 오려서 붙이면 재미있는 재료가 된다. 또한 철사 옷걸이, 계란 상자, 휴지심, 신문지 등 분리 수거함에 들어갈 것들도 잘 살펴보면 유용하게 재사용할 수 있었다.

나 자신을 사랑하게 하는 미술

비장애인들은 눈으로 볼 수 있으므로 실제로 직접 가서 확인하지 않더라도 사물과 건물의 크기를 어느 정도 가늠할 수 있다. 예를 들어 경주의 석가탑과 다보탑, 서울의 남대문, 파리의 에펠탑 등의 크기를 교육과 다양한 매체를 통해 이해할 수 있으나 시각 장애인들은 시각적인 정보를 받아들이는 능력이 현저하게 부족하므로 크기를 인지함에 한계가 있다.

시각 장애아 자녀를 둔 어머님께서 매일 엘리베이터로 이동하니 아이가 자신이 몇 층에 살고 있는지 감을 못 잡기에 계단으로 1층부터 올라가면서 높이를 체감하게 하셨다는 말씀을 듣고, 공간을 다루는 직업을 가졌던 나는 아이들이 어떻게 하면 스케일scale을 자연스럽게 느낄 수 있을까를 고민해 보았다.

◆ **공동 작업, 집(2007)**
  박스지와 계란 상자로 집을 만들고
  손에 물감을 묻혀 질감을 느끼면서 색칠을 했다.

레고LEGO는 스케일을 알아 가기에 좋은 놀잇감이다. 사람 모형을 기준으로 나무, 자동차, 건물을 블록으로 만들면서 자연스럽게 그 크기를 알게 할 수 있다. 어린이들은—사람, 나무, 집, 산, 해가 등장하는—어느 나라에서나 비슷한 그림을 그리는데 맹아 학교에서는 그 그림을 입체로 만들어 보았다. 아이들은 먼저 사람을 만들고, 사람보다 큰 나무를 만들고, 나무보다 큰 집, 그리고 집보다 높은 건물을 차례로 만들면서 사물의 상대적인 크기를 알아 갔다. 그리고 손에다 물감을 묻혀 건물에 색을 입히면서 질감도 느껴 보고 손에 재료가 묻는 것에 대한 두려움도 조금씩 없어지는 경험을 하게 해 주었다.

아이들은 미술 시간을 좋아했다. 기숙사 생활을 하고 주말에 집에 다녀온 아이들에게는 직장인처럼 월요병이 생기는데 미술 시간만큼은 월요병이 없다며 학교 선생님들께서 나중에는 미술 시간을 월요일 오전 첫 수업으로 정해 주실 정도였다.

한번은 계란 상자로 크리스마스트리를 만들어 학교에 세워 놓은 적도 있다. 찬바람이 부는 겨울이 시작되면 어린이들 누구나 크리스마스를 기다리게 마련이다. 성탄을 기다리는 마음으로 다 함께 백이십 개 정도의 계란 상자를 색칠한 다음에 블록 쌓기 놀

◆ **학생 작품, 루돌프(2018)**
솔방울에 털실을 감고 빨간 폼폼을 붙여 루돌프를 완성한 뒤에
크리스마스트리의 오너먼트로 장식해 주었다.

◆ 공동 작업, 크리스마스트리(2018)
계란 상자를 쌓아올려서 만든 크리스마스트리는 맹아 학교에서 처음 만들었고,
어린이 도서관에서도 같은 내용으로 수업을 진행했다.

이처럼 차곡차곡 쌓아 올리고 나뭇가지와 솔방울로 장식하여 트리를 완성했다. 미술은 개인 작업이 많은 편이라 공동 작업을 하면 색다른 즐거움과 보람을 경험할 수 있다. 아이들은 한 팀으로 최선을 다해 경기를 마친 뒤 커다란 우승 트로피를 선물받는 것 같은 기쁨을 느끼기도 한다.

미술 시간에는 조금 시끄럽고 자유로운 분위기도 느낄 수 있다. 수업에 방해가 되지 않는 선에서 아이들에게 이야기를 나누게 하는데 한번은 볼 수 있다면 가장 보고 싶은 대상이라는 주제로 대화가 오고 갔다. 가족, 친구, 동물 등이 나오다가 한 아이가 "나는 내가 제일 보고 싶어."라고 대답하는 걸 들었는데 단순한 대답이었지만 여운이 길게 남았다.

대부분의 사람들은 매일 아무 생각 없이 자신을 볼 수 있으며 어린 시절 한두 번은 '나'를 그려 봤고, 자화상은 초등학교 교과서에도 나오므로 특별한 주제는 아니다. 하지만 미술사에 나오는 예술가들이 자화상을 치열하게 그리면서 자신에게 질문을 던진 만큼 '나'라는 존재는 인간에게 오래된 관심사라고 할 수 있다.

아이들과도 자화상 작업을 해 보기로 마음먹었다. 아이들은 자신을 만져 보면서 신문지로 얼굴과 몸

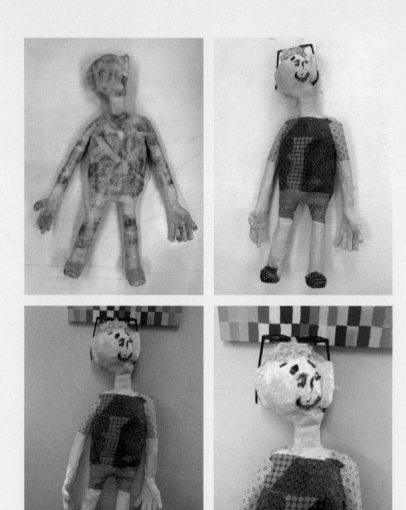

◆ **학생 작품, 자화상(2013)**
  한지, 헝겊 조각을 밀가루 풀로 옷을 입히듯이 한 겹, 한 겹 붙여 갔다.

통, 팔과 다리를 차례로 만들고, 그 위에 한지와 헝겊 조각으로 겹겹이 살을 붙이고, 옷을 입힌 뒤에 털실로 머리를 붙이면서 정성스럽게 '나'를 만들어 갔다. 손을 통해 '나'라는 존재에 다가가는 아이들의 모습을 보며 볼 수 없지만 만들어 가면서 나를 사랑할 수 있다면 미술 시간은 주어진 역할 이상을 했다고 생각했다.

모두를 위한 미술

나는 지금도 어린이들과 워크숍을 하고 있다. 시각 장애 어린이들을 먼저 만나고 비장애 어린이를 나중에 만나게 되었으니 조금 다른 시작이었다고 할 수 있다. 그러나 두 수업을 특별히 구분하진 않았다. 같은 내용으로 수업을 진행해도 아무런 문제가 없었다.

인간은 태어나면서 누구나 노화를 겪는다. 그 과정에서 개인의 차이는 있지만 넓은 의미에서 세월의 흐름과 함께 모두가 장애 요소를 안고 살아간다고 할 수 있다. 성별, 연령, 국적, 문화적 배경, 장애의 유무와 상관없이 누구나 손쉽게 쓸 수 있는 제품 및 사용 환경을 만드는 디자인을 '모든 사람을 위한 디자인Universal Design'이라고 하는데 장애인을 배려한 디자인은 비장애인에게도 편리하고 유용하다는 개념이 포함되어 있다. 디자인과는 다른 분야지만, 미술 교육에도 이런 철학과 만나는 지점이 분명 존재한다. 장애와 비장애를 넘어 서로 같은 가치를 공유할 수 있는 것이다.

미술 시간이 모두에게 재미있지는 않았을 것이다. 누군가에게는 아무런 기억조차 남지 않을 수 있고 흥미 자체가 없었거나 심지어 싫어했을 수도 있다. 그러나 나에겐 소중한 시간으로 남아 있다. 말 한마디 통하지 않았던 낯선 나라에서 받았던 초등학교 첫 수업과 성인이 된 후 역할이 바뀌어 앞을 볼 수 없는 어린이들을 가르쳤던 수업에서 미술은 무언의 언어였다. 미술로 나를 말했고, 시각 장애 어린이들과도 서로를 알아 갔다. 그 언어로 내 자존감을 지켰고, 시각 장애 어린이들과도 교감을 나눌 수 있었다.

겨울 방학식을 할 때쯤, 맹아 학교 선생님께서 본인 학급의 아이가 일 년이 지나고 지금에 와서야 자신에게 마음을 겨우 열었는데, 미술 시간에는 다른 것 같다고 하셨다. 자기 의견이 확실하고 예쁜 목소리로 노래를 잘 불렀던 그 아이는 어떤 극적인 사건을 계기로 갑자기 변한 것은 아니었다. 꽃샘추위가 지나면 자연스럽게 찾아오는 봄처럼 조금씩 마음의 문을 열었던 기억이 난다.

　미술에는 이러한 힘이 있다. 작고 평범하여도 그 안에는 크고 아름다운 이야기가 있다. 그것을 경험한 수혜자로서 그리고 아이들이 행복한 순간에 함께한 사람으로서 미술 수업에 감사하는 마음이 나는 여전히 크다.

그려 보니
솔찬히 좋구먼

김
중
석

화가, 그림책 작가, 전시 기획자. 순천의 할머니들과 함께 그림 수업을 하며 '그려 보니 솔찬히 좋구만'이라는 전시를 열었다. 그림책 『나오니까 좋다』와 에세이 『그리니까 좋다』, 『잘 그리지도 못하면서』 등을 쓰고 그렸으며, 여러 어린이책에 그림을 그렸다.

#할머니와 함께한 미술 수업

오늘은 일주일마다 있는 할머니들과의 그림 수업 시간이다. 바람이 살랑살랑 불고 날씨도 화창해서 걷기 참 좋은 날씨이다. 창밖으로 보니 할머니들이 도서관 마당에 옹기종기 모여 이야기꽃을 피우고 계신다. 연세가 드셔서인지 몸은 느릿느릿하지만 표정은 아주 밝다.

"안녕하세요. 잘 지내셨어요?"

"아따 선생님, 서울서 오시느라 고생이 많았소."

"오늘은 어릴 적 살던 동네를 그려 볼게요. 집에서 그림은 많이 그려 오셨어요?"

"머릿속이 하얗고 아무것도 생각이 안 나요."

"선생님, 그려 오긴 했는데 이렇게 하면 되는 거요. 어째 이것도 그림인가 싶소."

오늘도 할머니들의 푸념 섞인 소리가 들린다. 맨날 이런다. 잘 그리면서 맨날 못 그리겠다고 그런다. 무엇을 그릴지 생각이 안 난다면서 개도 그리고 동네 풍경도 그리고 친구와 가족 들을 잘도 그려 온다. 할머니들의 그림은 좋다. 꾸미지 않아서 좋고 잘

난 척하지 않아서 더 좋다. 아이들 같은 맑은 마음이 있고 멋진 화가도 부럽지 않은 과감한 색채가 있어서 더 멋있다. 다른 누구보다도 나는 이분들의 팬이다. 어디에 가서나 자랑하고 싶은 나의 제자들. '순천 소녀 시대'라고 이름 붙인 순천의 그림 그리는 할머니들이다.

어느덧 할머니들과 그림 수업을 한 지 여러 해가 되었다. 이제는 편하게 농담을 주고받으며 그림을 그리는 사이가 되었지만 처음부터 그렇지는 않았다.

2016년 순천 그림책 도서관에서 '문해 교실' 할머니들에게 그림을 가르쳐 줄 수 있겠냐는 연락을 받았다. 솔직히 이곳에서 수업을 하기 전까지 '문해 교실'이 뭐 하는 곳인지 몰랐다. 예전에 '야학'에서 한글을 배운다는 이야기는 들었어도 요즘에도 어르신들이 한글을 배우는 곳이 있다니. 전국에 수많은 문해 교실이 있다는 것을 나중에야 알았다.

'순천'이라면 남쪽의 끝이 아닌가? 경기도 북쪽에서 순천까지의 여정은 만만치 않았다. 오가는 거리가 잠시 고민되었지만 할머니들과의 그림 수업은 처음이었기에 호기심이 발동했고 그림을 가르치는 일은 많이 해 봤기에 선선히 하겠다고 했다. 다른 수업과 비슷하게 수업 일정을 짜 봤다. '사물 그리기, 꽃 그리기, 인물 그리기.' 이대로 따라와 준다면 쉽게 할 수 있을 것 같았다.

할머니들과의 첫 수업 시간. 같은 색의 티셔츠를 맞춰 입은 스무 분의 할머니들과 한글을 가르치는 선생님이 나를 반갑게 맞아 주었다. 모두 호기심 가득한 눈으로 나를 쳐다봤다. '아, 무엇부터 시작해야 하나?' 할머니들과의 거리를 좁혀 보려고 무언가를 이야기한 것 같은데 자세한 건 생각이 나지 않는다.

"만나서 반갑습니다. 저는 그림을 그리고 책을 만드는 김중석 작가라고 합니다. 저랑 열두 번 동안 그림을 그려 볼게요."

할머니들이 볼멘소리를 해 대었다.

"그림을 그린다고요. 오라고 해서 오긴 했는디 도체 그림은 처음이요."

"글씨도 겨우 쓰는디 그림은 무슨 그림을 그린다요."

"이 나이에 무신 그림을 그리요."

그림을 못 그리겠다는 할머니들의 원성이 자자했다. 이럴 땐 어쩐다. 12강에 맞춰서 수업 일정을 짜 왔는데 아무 소용이 없는 것인가. 당황스러워 이마에 땀이 주르르 흘렀다. 나중에 알고 보니 할머니들의 볼멘소리는 버릇 같은 것이었다. 처음에는 못하겠다고 하다가 이내 멋진 그림을 만들어 내는 걸 보니 습관성이 분명했다. 이대로는 안 되겠다 싶어 다른 방법을 찾아보기로 했다.

"자, 여기 보세요. 우리 동그라미부터 그려 볼게요. 자, 그려 봅니다. 자자자, 잘하셨어요. 안 된다고요? 천천히 해 보세요. 처음 시작하는 곳과 끝나는 곳의 선이 서로 맞닿지 않아도 됩니다. 동그라미를 그렸으면 이렇게 눈, 코, 입을 그려 볼게요. 잘하셨어요. 그럼 머리카락을 그려 볼게요. 조금만 그리면 남자가 되고요. 파마머리를 만들면 여자가 됩니다. 자, 해 보세요."

"워매, 이기 되네."

"아이고, 이렇게 그리니까 아주 쉽구만."

할머니들의 첫 번째 그림이 완성되었다. 손을 움직여 조금씩 그리니 그림이 완성되는 걸 너무나 신기해하셨다.

"자, 얼굴을 그렸으니 몸을 그려 볼게요. 이렇게 몸을 그리시고 팔과 다리를 그려 보세요. 손가락? 손가락이 어렵다고요. 그럼 선으로 다섯 개 대충 그리세요."

이렇게 하니 사람이 완성되었다. 바지를 치마

로 바꾸기도 하고 머리 스타일을 바꾸거나 안경을 씌우니 다른 사람이 되었다.

사람을 그리고 건물을 그리고 나무를 그려서 집을 완성하였다. 동네를 그리고 구름도 그리며 하나의 그림을 완성해 보았다.

"여기 스케치북 있죠. 집에 가져가서 조금씩 그려 보세요. 색칠도 해 보시고요."

수업이 끝나자 출구에서 한 분씩 눈을 맞추며 인사를 드렸다.

"수고하셨어요. 다음 주에 뵐게요. 재미있으셨어요?"

"해 보긴 해 봤는데 계속할 수 있을랑가 모르겠소. 도체 그림을 그려 봤어야지."

할머니들은 여전히 투덜거렸지만 스케치북을 집으로 가져가서 그림을 그려 왔다. 그것도 아주 많이. 잠이 안 와서 끼적거렸다는 그림이 수십 장이었다. 수업이 거듭될수록 그림의 양이 늘어났고 기쁨도 덩달아 늘어났다.

그려 온 그림을 칭찬하는 일은 아주 큰 즐거움이었다. 그냥 하는 빈말이 아니라 정말로 그림이 너무 좋았다. 이런 색을 쓰다니. 사람을 이렇게 표현하다니. 닭과 소를 이런 원색으로 그리다니. 볼 때마다 놀랍고 신기했다. 그림을 전공한 나는 오히려 하지 못하는 대담함이 그림에 보였다. 누가 선생이고 누가 학생인가. 무엇을 가르쳐 준다기보다 오히려 내가 배우게 되는 시간이었다.

매번 수업을 시작할 때는 집에서 그려 온 그림을 함께 보면서 칭찬하는 시간을 가졌다. 칭찬은 해도 해도 좋다. 많이 할수록 더 좋다. 색칠을 잘했다고 칭찬, 구도를 잘 잡았다고 칭찬, 계속 칭찬을 해 주었다.

"아따, 이것이 그림이 될까 싶은디 좋다고 하니 다행이요. 선생님, 정말 잘 그렸소?"

"아무렴요. 너무 잘 그리셨어요."

다른 사람들의 그림을 보고 기가 죽는 분이 계셨다. 자기는 아무리 그려도 잘 안 되는데 다른 사람들은 쉽게 쉽게 그려 온다고 생각하는 것이었다.

"다른 분들과 비교하지 마세요. 각자 잘하는 게 다른 거예요. 색칠을 잘하는 분이 계시고 동물을 잘 그리는 분이 계시고 꽃을 잘 그리는 분이 계시는 거예요. 모두 잘하고 계세요. 그냥 자기가 그리고 싶은 것을 그리세요."

할머니들은 의구심을 가지면서도 칭찬에 만족하셨다.

"색깔을 너무 예쁘게 잘 칠하셨네요. 여기 이 색을 칠하실 생각을 어떻게 하셨어요? 아유, 너무 좋아요." 할머니들은 쑥스러워하시면서도 칭찬에는 신난 표정을 숨기지 못했다. 글을 모르고 살았으니 항상 위축된 삶이었다. 버스를 타고 어딜 가려고 해도 눈치 보며 가야 하고 은행에 가도 글을 몰라서 대충 해결해야 하니 긴장의 연속이었다. 무엇을 잘한다는 칭찬은 아주 오래전 일이었다.

칭찬받은 마음은 다음 그림을 그리는 에너지가 되었고 다음 주에 만나면 또 새로운 그림들을 보여 주었다. 나중에는 그림이 너무 쌓여서 걱정이 될 지경이었다. 그리고 할머니들 사이에는 묘한 경쟁심도 생겨났다. 칭찬받는 모습을 보며 서로 경쟁하듯 그림을 그려 왔다. 더 많이 그려 오고 재미있게 그려 오고. 이런 경쟁이야 얼마든지 환영이다.

아무것도 보지 않고 그리는 건 쉽지 않은 일이다. 할머니들에게는 보고 그릴 것이 필요했다. 소, 닭, 염소, 강아지의 사진을 보고 그리고 마을의 풍경들을 보고 그렸다. 처음에는 같은 사진을 보고 그리면 비슷한 그림이 나오지 않을까 걱정이 되었다. 하지만 괜한 우려였다. 같은 사진을 봤지만 자기만의 방식으로 해석을 곁들인 그림이 나왔다. 놀라운 일이었다.

할머니들의 그림은 조선 시대 민화를 보는 것 같았고 원시 미술 같기도 하면서 유치원 아이들의 그림 같기도 했다. 미술을 배우면서 우리가 으레 알게 되는 원근법이나 명암 같은 기술이 보이는 게 아니라 표현하고 싶은 대상을 직관적으로 그리는 순수성이 보였다. 구도를 고려하지 않은 것 같지만 화면은 탄탄하고 꽉 차 보였고 색채는 원색의 단순함이 있지만 서로가 조화롭고 가슴이 뻥 뚫리는 시원함이 있었다. 아이들의 그림 같은 순수성이 있으면서도 끈질긴 탐구가 더해져서 소소한 재미가 볼수록 자꾸 보였다.

할머니들은 그림이 잘 그려지지 않거나 그리기가 어려우면 나에게 손을 내밀었다.

"선생님, 도대체 이건 어째 그려야 할지 모르겠소. 선생님이 한 번만 그려 주면 좋겠는디."

할머니들은 그림에 작은 터치를 원했다. 하지만 이럴 때는 아주 냉정해져야 했다. 한 명에게 그려 주다 보면 스무 명의 그림에 모두 터치를 해야 하고 하나를 그려 주다 보면 스무 개를 그려 줘야 하는 일이 생길 게 뻔했기 때문이다.

"그냥 해 보세요. 자, 천천히 여기에 색칠해 보세

요. 손에 힘을 조금 더 주시고요. 물감은 조금 더 묻혀 보세요.”

아무리 힘들어도 혼자 그릴 수 있게 했다. 그래야만 할머니들의 그림이 되는 것이고 그래야만 더 좋은 그림이 나올 거라는 확신이 있었다. 그림 시범(?)도 최소한으로, 물감을 쓰는 법 정도만 알려 주었다. 혹시라도 내 그림을 보고 그대로 흉내만 낼까 봐 걱정이 되어서였다.

그림을 그려 오는 횟수가 늘어날수록 각자의 캐릭터와 화풍이 생겨났다. 선으로 아주 대담하고 쾌활하게 그리는 이도 있고 아주 느리지만 꼼꼼하게 관찰하며 그리는 이도 있었다. 현대 화가의 단순한 그림처럼 디자인된 작품도 있었다. 나중에는 이름을 가리고 봐도 누구의 그림인지 알 수 있는 지경이 되었다. 사람을 그리는 방식이 달라서 누구 그림인지 단박에 알아챌 수도 있었고 나무나 꽃을 그리는 법도 조금씩 달랐다.

내가 그려 줬더라면, 내가 그리는 것을 보여 줬더라면 각자의 개성을 만들어 내는 데 방해가 되었을 것이다. 할머니들의 개성이 묻어 나오게 내버려 두어서 다양한 그림이 나올 수 있게 한 것이 나에게는 가장 큰 자랑이었다.

그냥 그림만 그리는 것보다는 이야기가 더해지면 좋을 것 같아서 글도 쓰면서 책을 만들어 보기로 했다. 처음부터 이런 계획은 아니었지만 글이 있으면 더 재미있을 것 같았다. 한글 선생님과도 상의해서 몇 가지의 주제를 뽑아 보았다. 고향 집, 어린 시절, 친구들, 부모님 이야기를 글로 써 보기로 했다. 글쓰기는 할머니들에게 스트레스이다. 말로 표현하는 건 익숙하지만 글로 자기 이야기를 보인다는 건 아무래도 쉽지 않았다. 한글을 익혔지만 글을 쓰는 건 새로운 일이었다. 한글 선생님이 할머니들과 이야기를 나누며 어린 시절의 이야기를 들었다. 할머니들이 대략적인 이야기를 써 주면 선생님이 편집자가 되어 수정하며 글을 다듬어 갔다.

　계획했던 열두 번의 수업이 끝나고, 각자의 이야기가 한 권씩 책으로 만들어졌다. 이야기와 그림이 더해져서 작은 그림책이 된 것이다. 순천 그림책 도서관에서 작은 전시회를 열었다. 우리끼리 축하의 자리도 만들고 즐거운 시간을 가졌다.

　그런데 변수가 생겼다. 순천을 오가며 내 SNS에 할머니들의 그림을 자주 자랑했더니 이 그림들을 본 많은 이들이 서울에서 전시를 원했다. 당장이라도 해 보고 싶었지만 예산이 없으니 추진하기

◆ **손경애, 무제(종이에 동양화 물감/300*400mm/2019년)**
그림을 그리니 우울했던 마음이 밝아지고 건강이 좋아졌다고 말씀하시는 손경애 할머니 작품.
동그라미부터 시작한 할머니들의 그림은 시간이 지나자 각자의 화풍까지 갖게 되었다.

는 쉽지 않았다.

'어떻게 하면 서울에서 전시를 할 수 있을까?'

할머니들의 그림을 알리고 싶었고, 자랑하고 싶었고, 살아온 이야기를 들려주고 싶었다. 도서관에서만 선보이기에는 너무 아까운 콘텐츠였다. 방법을 고민하다가 소셜 펀딩을 떠올렸다. 후원을 받은 돈으로 전시를 진행한 후 후원자들에게는 할머니들의 책을 선물로 보내 주면 가능할 것 같았다. 기대대로 소셜 펀딩은 성공을 거두었고 순천 그림책 도서관에서도 예산을 보태서 할머니들의 서울 전시가 성사되었다.

평소 친분이 있던 갤러리에서 할머니들의 글과 그림으로 '그려 보니 솔찬히 좋구만'이란 전시를 열었다. 전시 개막일에는 할머니들이 단체로 서울 나들이를 오셨다. 할머니들은 감격스러운 얼굴로 전시장을 둘러보셨다.

"아이구, 우리 그림이 갤러리에 걸렸구만."

"이렇게 못 그린 걸 왜 걸어 뒀다요."

이렇게 말씀을 하셔도 할머니들이 스스로를 자랑스러워한다는 걸 알고 있다. 쑥스럽기도 하고 뿌듯하기도 한 듯 기쁜 표정을 숨기지 못하셨다. 후원하셨던 분들도 많이 참석하셔서 함께 축하해 주고 응

원해 주셨다.

"할머니, 여기 책에 사인해 주세요."

"싸인? 싸인이 뭐시여?"

태어나서 처음으로 책에 사인을 해 보시는 할머니들은 또박또박 책에 이름을 쓰셨다. 순천으로 돌아가는 버스 안에서 너무 신이 나서 노래를 부르고 어깨춤을 추며 노셨다는 이야기도 나중에 들었다.

전시는 성황리에 열렸다. 전시장에 갑자기 젊은 관람객들이 많아졌다. SNS를 타고 흐른 전시 소식이 젊은 독자들에게 빠르게 퍼져 나간 것이었다. 관람객들은 갤러리에 오랫동안 머물며 할머니들의 글과 그림을 읽고 공감하며 감동스러운 후기를 남겨 주었다. 이후 전시는 『우리가 글을 몰랐지 인생을 몰랐나』(남해의 봄날, 2019)라는 단행본으로 나오기도 했다.

책이 나오고 할머니들의 삶에도 많은 변화가 생겼다. 여러 매체에서 취재를 요청해 와 방송에도 나오시고 도서전에 초대되어 '북 토크'도 해 보시고 해외 갤러리에 초대되어 '미국 전시'도 하셨다.

"버스 타고 가는디 나를 알아보는 거야. 내가 테레비에 나온 사람 아니냐고 물어보드라고."

할머니들은 동네에서 유명인이 되었다고 자랑하

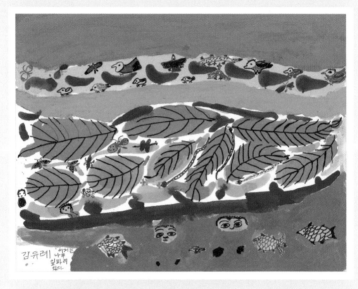

◆ **김유례, 나무 이파리(종이에 동양화 물감/400*300mm/2019년)**
그림을 그릴수록 새로운 아이디어가 계속 떠올라 잠을 자지 않아도 피곤을 못 느낀 채 그림에 빠져
든다는 김유례 할머니 작품. 할머니들은 잠을 설쳐 가면서까지 그림을 그려 오시곤 했다.

◆ **양순례, 무제(종이에 동양화 물감/400*300mm/2019년)**
그림책이 나와 식구들이 작가님이라고 대접을 해 주니 자존감이 올랐다는 양순례 할머니 작품.
그림을 그리니 어딜 가도 소재가 보이신단다.

셨다.

　그림을 그리니까 달라졌다. 못 그려도 선생님
이 잘한다고 하니까 그림에 소질이 있는 줄 알고 열
심히 그리고 또 그렸다. 몸이 아파도 그림을 그릴 때
는 새벽까지 잠도 안 자고 미쳐 있었다. 그림을 그리
니까 스타가 되었다. 사람들이 방송에서 봤다고 아
는 척을 하면 내가 작가라고 자랑을 하고 다닌다.

— 김명남 할머니

　그림을 그리면 외롭지 않아 좋다. 마음도 편해
지고 시간 가는 줄 몰라서 딱 좋다. 손재주가 있기
는 했어도 그림을 잘 그릴 거라는 생각은 못했다.
내 손 가는 대로 쭉쭉 그리다 보면 마술같이 하룻저
녁에 몇 장씩을 그려 낸다.

— 나양임 할머니

　할머니들의 삶에 변화가 생겼다. 이제 한글 배우
는 할머니가 아니라 작가가 되었다. 글을 몰라서 위
축되었던 분들이 카메라 앞에서 당당하게 이야기
를 하고 자기 자랑을 할 수 있게 되었다. 젊은이들
이 '작가님'이라고 불러 주고 할머니들의 그림을 좋

◆ 김명남, 소나무(종이에 동양화 물감, 색연필/300*400mm/2019년)
그림을 그리니 스타가 되었다고 좋아하시는 김명남 할머니 작품. 글을 몰라 위축되었던 분들이
그림을 통해 스스로를 자랑스럽게 여기게 되셨다.

아하는 팬이 생기기도 했다.

할머니들의 삶에 그림이 들어올 줄 어떻게 알았겠는가? 미술과는 관련 없는 삶을 사시다가 그림을 그리게 되니 자신감이 생기고 외롭지 않아서 좋고 시간이 후딱 간다고 하니 얼마나 좋은가. 이분들에게 그림은 놀이이고 즐거움이고 기쁨이다.

그림을 그린다는 것은 어떻게 보면 외로운 작업이다. 그림으로 세상을 구원할 수 있다는 믿음까지 가지지는 않았지만 그림이 세상에 무슨 쓸모가 있을지는 오랫동안 고민했었다. 그림을 배워서 이렇게 즐거워하고 자신감을 가지고 자존감이 높아질 수 있다니. 할머니들의 그림을 보고 행복해하는 분들이 있다니. 그림이 이런 일에 도구로 사용될 수 있다는 게 너무 감사했다. 할머니들이 행복하고 즐겁게 그림을 그리고 글을 쓰는 걸 보니 글을 쓰고 그림을 그린다는 것은 사람을 풍요롭게 하는 일이라는 생각을 했다. 누구라도 기회가 된다면 이런 좋은 경험을 꼭 해 보시길 권해 본다.

'순천 소녀 시대'와 함께 그림을 그려서 행복했다.

작가님들, 모두 오랫동안 건강하게 그림 그리고 즐겁게 놀아요.

긍정적 상상의 힘

■▲▲● ─────────────────

이
재
경

사회적 기업 (주)아트앤허그 대표. 소년원과 교도소 재소자를 대
상으로 문화 예술 프로그램을 기획하고 진행했다. 문화 예술 콘
텐츠를 통해 위기 상황에 있는 아동 청소년의 성장을 지원하고
있다.

• 이 글에 등장하는 청소년들의 이름은 모두 가명입니다.

───────────────────────────────

#위기 청소년과 함께한 미술 수업 #패러디

■▲▲●

우연한 전화 한 통으로 시작된 수업

벌써 십 년 전의 일이다. 어느 문학 단체 회장님으로부터 연락이 왔다. "소년원 청소년들을 대상으로 미술과 문학을 접목한 수업을 해 보실 수 있으신지요?"

당시 연구원과 시간 강사를 병행하고 있던 터라 강의를 더 늘리기는 힘든 상황이었다. 그러나 소년원 아이들을 대상으로, 미술과 문학을 접목한 수업을 해보자는 제안에 '위기 청소년들에게 미적 체험에 기반한 상상력 학습 수업을 해 볼 수 있겠구나.'라는 기대감이 들어 방학 때라면 가능할 것 같다고 말씀드렸다. 내게는 물론이거니와 소년원 친구들에게도 의미 있는 수업이 될 수 있겠다는 생각이 들었다.

7월부터 8월까지 주 1회, 그야말로 가장 더울 때 수업을 배정받은 후 소년원에서 수업하시는 다른 선생님 세 분과 모여 회의를 하게 되었다. 다들 강의 경험이 많고 청소년들에게 애정이 있으신 분들인데도 소년원 수업이 만만치 않다는 말씀들이다. 아이들의 수업 참여 의지가 낮고 집중력도 짧아 수업 동기를 좀 더 끌어올릴 수는 없을까 하는 고민들을 진지하게 나누었다.

6월 말 대학 강의를 마무리한 후 먼저 수업을 진행했던 선생님들의 의견들을 참고하여 '미술 중심 상상력 학습'을 기획하였다. 아이들이 무엇에 관심이 있을까, 어떤 것들을 좋아할까, 어떻게 신뢰를 쌓을 수 있을까를 생각하며 학생들에 대한 관심과 설렘으로 수업을 준비해 나갔다.

패러디 감상하기

소년원은 주택가의 여느 중고등학교와 같은 모습이었다. 교문과 행정실에서 신원을 확인하고 담당 선생님과 동행하여 아주 넓은 운동장을 지날 때에야 3미터는 족히 넘을 것 같은 높은 담벼락과 그 위의 철조망을 알아차렸다. 보안 장치를 두 번 더 거친 후 교육관 건물 2층 인성 교육실에서 아이들과 첫 만남을 가졌다. 노란색 반팔 티셔츠와 반바지 체육복을 입은 남학생 여섯 명이 들어왔다. 특별한 말은 없었지만 여기저기에 문신을 하고 '난 여기 왜 와 있어야 하나요?'라는 표정으로 아예 관심조차 없다는 듯 삐딱하게 의자에 앉는 아이들! 당황스러웠지만 웃음을 잃지 않으려 애쓰며 한 아이, 한 아이의 이름을 부를 때마다 눈을 마주치려고 노력했다.

첫날 내가 준비한 강의는 '패러디와 자화상'이었다. 아이들과 소통하기 위해 준비한 PPT를 바로 띄웠다. 다빈치의 「모나리자」와 마르셀 뒤샹Marcel Duchamp, 장미셸 바스키아Jean-Michel Basquiat, 페르난도 보테로Fernando Botero, 수전 허버트Susan Herbert, 그리고 이름 모를 작가의 「모나리자」까지 그림 다섯 점을 보여 주었다. 다빈치의 「모나리자」와 패러디 작품을 감상하는 아이들의 표정을 조심스럽게 살펴보니 빠르게나마 아이들의 얼굴에 스쳐 가는 호기심을 잡아낼 수 있었다.

상상력 학습은 크게 탐구, 공감, 실천, 성찰의 네 가지 활동으로 이루어진다. 먼저 탐구와 공감 활동에서는 하나하나의 작품에서 어떤 것들을 보았는지, 느꼈는지, 상상했는지에 대한 질문과 대답을 아이들 한 명 한 명과 주고받았다.

그림에서 무엇이 보이는지, 인물은 어떤 모습으로 앉아 있는지, 원작과 비교할 때 패러디 작품들은 어떤 점이 다른지, 내가 패러디를 한다면 어떻게 하고 싶은지 등을 물어보자 아이들의 표정이 사뭇 진지해지기 시작했다. 하나의 정답이 아니라 자신만의 답들을 찾기 위해 모두들 머릿속이 바쁘다.

답은 다양했다. 그림에 대한 느낌을 묻자 단답형으로 단순하고 짧게 "우스워요.", "뚱뚱해도 괜찮아요."라고 말을 하는 친구가 있는 반면에 자신의 상상력을 더해 이야기하는 친구들도 있었다. 바스키아의 작품을 보더니 연인이었던 '모나리자'와 헤어져 더 이상 만날 수 없게 되자 그녀를 잊기 위해 낙서 칠을 했을 것 같단다.

허버트의 「고양이 모나리자」를 두고 왜 고양이를 그렸을지 추측해 보라는 질문을 받은 친구는 도도한 고양이를 표현하기 위해 작가가 「모나리자」를 패러디한 것 같다, 고양이들은 가끔 도도한 표정을 지으며 사람들과 거리를 둔다고 대답해 주었다.

이와 같은 대화들이 오가고 난 다음, 각각의 작품들에 자신만의 제목을 붙여 보게 했다. '트랜스젠더 모나리자', '지우고 싶은 모나리자', '푸근한 모나리자', '냥이계의 모나리자', '어이없는 모나리자' 등 다양한 제목들을 만들어 붙이는 활동을 하면서 아이들의 얼굴에 가득했던 방어심은 사라지고 미소를 지으며 수업에 점점 심취해 가는 모습들을 발견할 수 있었다.

"좋아요, 모두가 똑같이 생각하고 똑같이 느끼는 건 없어요. 우리가 다 다르게 생겼듯이 당연히 우리 생각들도 다르죠. 그런 자신만의 생각들을 말로, 글로, 그림들로 이야기하는 연습을 하는 거예요. 그리고 다른 사람들의 의견에 귀를 기울여 보는 거예요!"

나는 아이들에게 상상력 학습을 통해 자신을 건강하게 표현하고 다른 사람과 소통하는 경험을 선사하고 싶었다. 상상력 학습은 구성주의 학습 이론을 기반으로 만들어진 미적 체험 교육이다. 구성주의란 지식은 객관적이고 절대적인 것이 아니라 환경과 상호 작용을 통해 학습자가 자신의 지식을 구성한다는 이론이다. 미술에서 상상력 학습은 예술 작품을 대할 때 맥락과 상황을 생각하고 자신과 연결하여 나만의 지식을 창조하게 한다.

다양한 「모나리자」를 보며 감상한 내용을 바탕으로 아이들과 패러디의 개념에 대해 이야기를 나누어 보았다. 남들의 작품을 자기 것인 양 가져다 쓰는 표절과 이미 나와 있는 작품을 새로운 의미로 재탄생시키는 패러디의 차이점을 설명하였다. 패러디에 대해 체험한 후라서인지, 아이들은 어렵지 않게 패러디의 개념을 이해했고 자신의 생각들도 제법 자신있게 표현했다.

패러디 체험하기

「모나리자」를 감상한 다음에는 안도현 시인의 짧은 시 「너에게 묻는다」를 감상하고 직접 패러디하는 시간을 가졌다. 아이들과 다 함께 「너에게 묻는다」를 읽었다. 어떤 내용이냐고 물으니 아이들은 다시 침묵이다. 한 명 한 명에게 질문을 던지자 비로소 자신의 생각을 이야기했다. 연탄을 아는지, 이 시는 어떤 장면을 나타내고자 한 것인지, 시인은 독자에게 무엇을 이야기하고 싶은지에 대해 질문했을 때 아이들은 각자가 이해한 내용들을 말해 주었다.

"좋아요. 그럼 우리 「너에게 묻는다」를 패러디 해 볼까요?"

아이들은 연필로 쓰고 지우개로 지우다가 다시 고쳐 쓰기를 반복했다. 십오 분 정도의 시간이 지나자 모두 완성한 듯 보였다. 가까이 앉은 종수부터 패러디 해 본 시를 발표하였다. 쑥스러운 표정과 삐딱한 말투는 여전했지만 아이들은 나와 제법 눈을 마주치며 자신의 시를 읽어 나갔다.

지우개 가루 더럽다고 하지 마라.
너는 누구를 한 번이라도 깨끗하게 닦아 준 적이
있었느냐.

— 종수

엄마 없다고 기죽지 말자.
하늘에서 엄마가 항상 보고 계신다.

— 준우

키 작다고 놀리지 마라.
작은 고추가 맵다고 한다. 너희는 다 완벽하냐.

— 수은

말 더듬는다고 뭐라 하지 마라.
너희도 말할 때 실수하지 않느냐.

— 하일

소년원에 들어와 있다고 뭐라 하지 마라.
반성하고 나가서 더 열심히 살 거다.

— 연수

약 먹는다고 뭐라 하지 마라.
자꾸 그러면 더 힘들어진다.

— 석진

아이들이 자신의 경험을 바탕으로 창작한 패러디 시를 들으니 가슴 깊숙한 곳에서 눈물이 고이는 듯했다. 교실에는 잠시 침묵이 돌았다. 하늘나라에 엄마가 있다는 열여섯 살 준우가 시를 읽더니 엄마가 보고 싶다며 눈물을 흘린다. 덩치가 크고 웃음이 많은 종수, 또래보다 약하고 작은 수은이, 말을 더듬는 하일이, 목소리가 큰 연수, 불안해 보이는 석진이……. 남자아이들은 무거워지는 분위기를 애써 장난스럽게 넘기려 한다.

"준우야, 니 또 우나? 울지 마라."

종수가 준우에게 아무렇지 않다는 듯이 일부러 더 큰 소리로 이야기했다.

이윽고 마무리할 시간이 되었다. 짧은 시간에 자신의 경험과 느낌을 잘 반영하여 멋진 패러디 시를 창작한 점을 칭찬해 주었다. 수업을 마치고 집으로 돌아오는 길, 아이들의 얼굴이 머리에서 쉬 사라지지 않았다.

그해 여름, 더위가 절정을 달릴 때 아이들과 자화상 패러디 작품 만들기, 고마운 나무 커피 트레이 만들기, 『어린 왕자』 별 만들기, 팝 아트 그리기 등의 수업을 진행하였다. 인터넷이 허용되지 않는 상황이었기에 아이들 한 명 한 명에게 듣고 싶은 노래를 신청받은 다음 다운로드 해서 수업 중에 들려주자 아이들은 한결 더 부드럽고 즐겁게 수업에 몰입하였다.

위기 청소년들을 만나다

아이들과 첫 만남 이후 소년원 측에서도 미술 수업에 대해 긍정적으로 생각해 주셨다. 하여 한국문화예술교육진흥원이 부처 간 사업으로 주관하는 소년원 미술 수업에 내가 회장으로 일하던 단체가 공모하여 마침내 미술 수업을 진행하게 되었다.

미술 활동은 자신만의 생각을 다양한 방법으로 표현하는 도중에 자연스럽게 작은 실패와 성공을 반복한다. 이러한 과정에서 눈에 보이지 않는 것들을 느끼고, 스스로 문제 해결 능력을 기르며 다른 사람의 생각들도 존중할 수 있게 된다. 해가 거듭될수록 이러한 미술 활동의 장점이 범죄 경험이 있는 아이들에게 꼭 필요하다는 생각이 짙어졌다. 그래서 2018년부터는 교육 단체를 위기 청소년을 돕는 사회적 기업으로 전환하게 되었다. 그때부터 지금까지 친환경 제품들과 미술 키트 판매, 교육 사업으로 얻는 수익을 통해 청소년 회복 지원 시설과 그룹홈 등에서 지내는 위기 청소년들에게 미술 수업을 진행하고 있다. 첫해에 한 곳을 시작으로 지금은 청소년 회복 지원 시설 세 곳과 그룹홈 등에서 다양한 위기 아동과 청소년 들을 만나고 있다.

우리나라는 14세에서 19세 미만의 청소년이 범죄를 저지를 경우 1호에서 10호까지 구분하여 소년 보호 처분을 한다. 청소년 회복 지원 시설에 있는 친구들은 1호 처분을 받은 아이들로, 주로 초범이거나 경미한 비행을 저질렀다. 원칙적으로는 부모나 친척 등이 이들을 보호해야 하지만 가정이 해체되거나 제 기능을 하지 못하는 경우 청소년 회복 지원 시설은 24시간 가족을 대신해 이들을 보살피고 훈육하는 역할을 한다.

여러 통계 자료에서 알려진 바와 같이, 범죄 경험을 가진 청소년들 중 상당수는 가정이 제 역할을 다하지 못해 정서적·경제적 어려움을 겪고 있다. 장시간의 학대 경험에 무방비로 방치되는 바람에 교육은 커녕 정상적인 생활이 힘든 경우도 있다. 이러한 환경 속에서 자라나 범죄를 쉽게 접한 청소년들에게는, 그 죄를 처벌하기에 앞서 먼저 그들을 보호하고 환경을 개선해 줄 필요가 있다. 누구나 받아야 할 사랑과 기본적인 경제적·교육적 지원이 뒤따라야 한다.

미술은 스스로 계획한 발상을 실행하며 창작 과정에서 다양한 실패의 경험을 거친 후 완성작이라는 결과를 얻을 수 있는 교육 분야이다. 본인이 주체가 되어 온전히 자신이 상상하고 느끼는 것을 실현하는 것이다. 작품을 창작하며 겪는 실패와 성공의 경험은 아이들이 스스로 성장하고 꿈을 그려 나가는 연습이 된다. 따라서 위기 청소년에게 미술은 실패를 딛고 꿈을 실현하는 법을 깨닫게 하는 좋은 도구가 될 수 있다고 나는 말하고 싶다.

청소년 회복 지원 시설의 아이들과 미술 수업을 하며 여러 곳에 현장 체험 학습을 다녔던 기억이 떠오른다. 부산 감천마을, 대구 김광석 거리, 해인사 소리길, 통영 벽화마을 등을 방문했었다. 언젠가 통영 벽화마을 방문 후에 석현이가 나에게 와서 말하였다.

"선생님, 다음에는 해외로 가요! 해외에 있는 박물관에도 가 보고 싶어요!"

"응, 그래, 우리 다음에는 해외에 가자. 좋아! 노력하면 갈 수 있어."

나는 아이들의 기분 좋은 변화가 반가워 얼른 그러자고 대답해 주었다.

예술을 통한 상상력을 강조한 교육 철학자 맥신 그린Maxine Greene은 "예술적 경험은 자신의 눈과 귀로 보고 들으며, 스스로의 목소리를 찾는 상상의 힘"이라고 하였다. 나는 오늘도 미술 교육을 통해 어려운 환경 속에서도 아이들이 스스로의 힘을 찾고 자기의 길을 살아갈 수 있도록 돕는 조력자가 되길 꿈꾼다. '교육은 세상을 사랑하는 방법을 알아 가는 것'이라는 믿음을 가지고 오늘도 작은 발걸음을 내딛는다.

미술은 스스로 계획한 발상을 실행하며 창작 과
정에서 다양한 실패의 경험을 거친 후 완성작이
라는 결과를 얻을 수 있는 교육 분야이다. 본인
이 주체가 되어 온전히 자신이 상상하고 느끼는
것을 실현하는 것이다.

미술이 설마
우리를 구원할지도

■▲▲●

노
길
상

이우학교 미술 교사. 미술대학을 졸업하고 영화판을 전전하다 이우학교 교사가 되었다. 교사로 이십 년을 살다 보니 아이들로부터 '미남'이라는 소리도 듣는다. 잘생겨서라기보다 '미대 나온 남자'라서 그렇다. 글과 그림으로 자족하는 일상을 추구한다. 『한겨레』에 「미술 교실에선 무슨 일이?」를 연재했다.

#현장 스케치 #풍경화 수업

■▲▲●

　종이접기 유튜버로 활동하는 여자는 전직 역사 교
사였다. 무뚝뚝하고 쿨한 성격의 여자는 교사 시절
많은 여학생들에게 선물과 편지 세례를 받았다. 그중
한 아이는 검은 색종이로 파충류를 접어 교탁 위에
올려놓기도 하고, 자신을 야단쳐 주길 바라며 급우에
게 주먹을 휘두르는 등 비뚤어진 방식으로 관심을 요
구한다. 결국 여자에게 사랑을 고백한 아이는 교내
에 레즈비언이라는 소문이 퍼지자 스스로 목숨을 던
져 버리고, 여자는 충격과 무력감에 흐느끼며 자신의
엄마에게 말한다. "엄마…… 나는 미술이 하고 싶었
다? 그리고…… 죽었다? 우리 반 아이가……." 고통
에 몸부림치는 딸을 보며 엄마는 눈을 부릅뜬다. "크
게 될 사람은 액땜도 크게 하는 법이야. 엄마는 네가
우리 집안 최연소 교장이 되었으면 좋겠어. 너는 내
꿈이야!" 순간, 여자는 엄마의 손을 뿌리치고 집을
나선다. 칠 년의 세월이 흘렀고 여자는 아무 말 없이
종이접기만 하는 유튜버로 자신의 생존을 세상에 알
릴 뿐이다.

드라마 「술꾼도시여자들」(tvN, 2021) 이야기이다. 보는 내내 가슴이 먹먹했다. 교사로서 남의 일 같지 않았고, 무엇보다 미술이 하고 싶었다는 주인공의 한탄이 안타까웠다. 학창 시절에 입시 미술이 아니라 취미로라도 그림을 거리낌 없이 즐길 수 있었다면 골방에 틀어박혀 종이만 접고 있지는 않을 것 같았다. 바람이나 볕이 좋은 곳에서 알록달록 물감을 풀어 원 없이 그림을 그릴 수 있었다면, 그랬다면 자살한 학생을 종이접기로 기리는 것보다 더 현명한 방법으로 충격을 극복할 수 있지 않았을까?

미술실에 들어선 거의 모든 아이들은 그림을 잘 그리고 싶어 한다. 그 아이들은 잭슨 폴록Jackson Pollock이 했던 즉흥적이거나 우연적인 물감 뿌리기 dripping 등의 추상적 표현으론 만족하지 못했고, 프로타주frottage, 그라타주grattage와 콜라주collage 등의 표현 기법은 이미 유치원 시절 경험해 봤다며 시시해한다. 아이들은 스스로의 붓놀림을 통해 그럴듯한 형태와 다채로운 색을 갖춘, 구상적으로 완성된 작품을 만들어 보길 원했다. 그것은 미술의 본질적 정의인 재현illusion의 욕구에 충실한 욕망이므로 자연스러운 현상일 것이다. 그러나 사실적 표현은 일정

시간의 훈련이 필요한 법. 맘껏 그리고픈 마음, 그리고 멋있는 작품을 그려 보고 싶은 마음을 어떻게 하면 동시에 충족시킬 수 있을까? 미술 교사로서의 고민은 날로 쌓여만 갔다. 아래의 내용은 이 같은 고민에서 비롯된 실기 수업의 일례이다.

첫 번째는 수묵 형상화 그리기 수업이다. 준비물은 화선지와 먹물, 하얀 사기그릇이다. 붓은 동양화 붓이 좋지만 서예 붓도 상관없다. 도입 부분엔 교사가 직접 시범을 보이며 수묵의 활용 방법을 안내해 주어야 한다. 그래야 아이들이 흉내 내며 부담 없이 접근할 수 있다. 간단하면서 멋진 작품을 위해 다음 활동을 해 볼 수 있다.

우선, 붓에 먹물을 충분히 묻혀 화선지 위에 굴리거나 여러 번 둥그렇게 교차하여 점을 찍는다. 이 작업으로 먹물의 번짐과 농담을 활용하여 꽃 모양을 만들 수 있다. 꽃잎은 가볍고 화사하므로 짙은 먹보다는 묽은 먹으로 농담을 조절하는 것이 좋다. 꽃잎이 완성되면 짙은 먹으로 이파리나 가지를 그려 그림을 마무리한다. 동일한 기법으로 잠자리나 나비도 그려 볼 수 있다.

또 이런 활동도 해 봄 직하다. 화선지를 2센티미터 정도의 폭으로 반복해서 접는다. 두툼하게 접힌 화선지의 양쪽 면에 먹물을 묻힌다. 위쪽부터 아래쪽으로 서서히 옅어지는 농담 효과를 살린다. 화선지를 펼치면 비 오는 풍경을 그릴 수 있는 배경이 나타난다. 아랫부분에는 산을 그려도 좋고 지붕이 연이어진 마을을 그려도 좋다. 가는 붓으로 빗줄기를 더욱 첨가하면 비 오는 날의 정감이 물씬 느껴지는 풍경을 그릴 수 있다.

미루나무처럼 키가 큰 나무가 서 있는 강변길이나 오솔길을 표현하고 싶다면 화선지를 들어 위에서 아래로 먹물을 흘린다. 넓은 부분을 활용하는 것이 좋고 다양한 농담이 나타나면 더욱 좋다.

이런 산수화 수업은 어떨까? 화선지를 사각 형태로 여러 번 접어 먹물을 잔뜩 묻힌 붓으로 얼룩을 번지게 한다. 작게 접힌 면에 산 모양을 생각하며 먹이 적절히 번지도록 붓질한다. 이것으로 운해 사이로 산과 산이 이어진 풍경화를 그릴 수 있다. 화선지를 펼쳐서 번진 얼룩의 크기를 조절하며 풍경을 완성해 나간다. 앞에 있는 것은 크고 진하게, 뒤에 있는 것은 묽고 작게 그리면서 원근 효과를 살린다. 능선을 따라 겸재 정선의 진경산수화처럼 십자 모양의 나무 표현을 하거나 미점준米點皴을 첨가하면 그럴듯한 산수화가 된다.

또, 번지기 효과를 살려 다양한 먹물 점을 반복해서 찍어 볼 수도 있겠다. 이것으로 여러 가지 형상이 가능한데, 물속에서 노니는 물고기 떼로 발전시킬 수도 있고, 중국 명나라의 화가 서위徐渭가 그린 화훼도花卉圖나 명청 교체기의 팔대산인八大山人이 그렸던 「팔팔조도叭叭鳥圖」처럼 변형할 수도 있다.

지금까지 소개한 수묵 수업은 주로 중학교 1학년을 대상으로 하는데 우연적인 효과를 활용하기 때문에 형태의 조악함(?)이 있다. 하지만 중학교를 막 입학한 아이들이 부담감 없이 쉽게 재현의 욕구를 해소할 수 있는 수업으로 적절하다. 이후 아이들의 수묵 그림을 발전시켜 여름 방학이 시작될 무렵 부채로 제작하면 학부모들에게 의미 있는 선물이 된다.

고등학생 대상으로는 OHP 필름을 활용한 풍경화 수업을 제안하고 싶다. 준비물은 B4 크기의 프린트 용지와 OHP 필름 10여 장, 그리고 아크릴 물감이다. 수업의 단계적 진행은 다음과 같다.

1. B4 크기의 백지에 학교 주변의 자연 경관을 스케치하게 한 후에 투명한 OHP 필름으로 덮는다. OHP 필름을 편의상 '레이어Layer'로 지칭한다. 아이들에게 익숙한 포토샵 개념을 활용한 것이다.

2. B4 크기의 스케치 위에 같은 크기의 레이어를 덮고 각 모서리에 맞추어 고정한다. 먼저 하늘을 제외한 레이어의 나머지 부분을 노란색으로 칠한다. 바탕으로 노란색을 선택한 까닭은 주로 숲이나 건물의 밑색으로 적절하기 때문이다. 숲은 노란색을 시작으로 레이어를 쌓으며 연두색, 초록색, 파란색 등으로 겹쳐 칠할 것임을 미리 안내한다.

3. 두 번째 레이어를 첫 번째 레이어의 네 모서리에 맞추고 노란색 바탕 위에 연두색과 그다음 색을 칠한다. 이때 주의할 점은 바탕색으로 깐 노란색을 다 덮어 버리지 않게 노란 바탕의 70퍼센트 정도만 선이나 점 모양의 터치로 색을 겹쳐서 올리는 것이다. 채색의 방법은 각기 다를 수 있으나 큰 붓으로 한 번에 채색하지 않고 점묘법Pointillism처럼 작은 색점으로 나누어 채색할 수 있게 한다. 숲이나 나무를 그릴 때는 연두색이 적절하고 붉은색 대상을 그

릴 때는 주황색을 칠하면 된다. 이것은 학생들이 색을 혼합하여 칠하기보다 숲은 초록색, 나무줄기는 갈색, 땅은 황토색, 머리카락은 검은색 등의 방식으로 한 번에 색칠하고 그림을 끝내 버리는 것을 방지하기 위해서이다. 되도록이면 다양한 색을 활용하도록 지도하는 것이 이 수업의 목적이다.

4. 세 번째 레이어에 초록색이나 파란색 등의 색을 겹쳐서 올린다. 레이어를 사용하는 가장 주요한 목적은 아이들이 세 가지 이상의 색상이 혼합되면 자신이 의도하지 않은 혼탁한 무채색이 되는 데에서 느끼는 좌절감으로부터 자유롭게 활동하기 위함이다. 감산 혼합의 원리로 세 가지 이상의 색이 섞일 때 섬세한 색 혼합을 못한다면 색상이 탁해지는, 일명 혼탁화 현상이 일어난다. 이것은 아이들이 채색화를 어려워하고 포기하는 주요 원인이다.

5. 네 번째 레이어에서 가장 짙거나 밝은색으로 (검은색은 절대 사용 금지다.) 윤곽선을 정리하고, 마지막 단계로 다섯 번째 레이어에서는 색상환을 제시하여 자신이 사용한 색 주변부의 다양한 색 활용을 돕고, 색상환에서 자신이 사용한 색의 보색을 조

미료처럼 활용하도록 안내한다. 주된 색감과 보색의 조화가 어울리지 않으면 마지막 레이어만 제거하면 되므로 아이들의 실험은 안전하다. 그리고 레이어가 올라갈수록 붓과 색점의 크기도 작아져야 한다는 것을 주지시킨다.

스케치를 학교 주변(이우학교는 산등성이에 위치하여 주변이 숲이다.)과 건물(이우학교 교사는 주로 노출 콘크리트와 갈색 철근, 나무판으로 구성되었다.)로 제한하는 이유는, 이 수업의 목적이 채색의 방법을 이해하고 다양한 색을 활용하는 데 있기 때문이다. 제한된 조건에서도 몇몇 아이들은 구도와 공간 선택에서 탁월함을 충분히 드러내지만, 그러지 못한 아이들이라고 해서 기죽을 필요는 없다. 그림 그리기에 관심이 없거나 무서워하던 아이들은 이를 통해 물감을 혼합할 때 겪었던 탁색 현상과 한 가지 색으로 통칠해 버리는 습관에서 벗어날 수 있고 다양한 색을 섞는 실험을 자유롭게 해 볼 수 있다.

풍경화를 완성한 이후, 아이들은 지금까지 회색이나 검은색으로만 표현했던 콘크리트와 암석의 색을 다른 색으로 표현해 본 데 만족한다. 초록색 주변의 다양한 색에도 눈을 뜨게 되며 무엇보다 습관적으

로 표현하던 색상에서 벗어나 새로운 색상을 스스로
의 힘으로 만들어 냈다는 것에 성취감을 느낀다. 노
란색, 초록색, 파란색, 붉은색의 향연은 이제 화가들
만의 즐거움은 아닐 것이며, 이것은 우중충하고 암
울한 색으로「감자 먹는 사람들」을 그리던 빈센트
반 고흐가 인상파 화가들의 빛과 색을 체득하여 온
통 환하고 화사한 색으로「씨 뿌리는 사람」을 그리
며 느꼈을 환희와 다를 바 없을 것이다.

앞서 소개한 드라마의 교사가 처한 상황이 아니더
라도 요즘 학교에는 심리적으로 불안한 아이들이 늘
고 있다. 예전에도 그랬던 것이 비로소 표면화되는
것인지도 모르겠으나, 아이들의 불안은 증폭되기 일
쑤이며, 이 때문에 교사가 감당해야 할 상처도 만만
찮다.

불안의 원인은 학업 성취, 즉 '입시'에서 기인하는
것이 일반적이고 이것은 학부모들 또한 성장 과정에
서 뼈저리게 경험한 트라우마여서, 이 문제는 개인
을 넘어 거대 담론으로 확대되어 사회적·역사적 논
의를 불러일으킨다.

대한민국을 '속물주의Snobbism'사회라고들 한다.
속물주의란 금전이나 명예라는 가치를 지나치게 떠

받드는 경향을 가리킨다. '속물'은 사회적 또는 경제적 지위와 인간 본연의 가치를 동일시하는 경향이 있어서 우리 사회의 관심은 권력과 돈에서 벗어나기 어렵다. 대한민국 사회에선 사회적·경제적 지위를 얻는 것 이외의 방법으로 개인의 가치를 드러내기 어려우니, 주변으로부터 무시당하지 않기 위해 명문 대학에 입학해야 하고 명품 아파트에 거주해야 한다고 생각한다. 이 과정에서 학업 성취, 즉 입시는 중요한 문제로 떠오른다.

『논어論語』위정爲政 편에는 이러한 대목이 나온다. "선생님(공자)께서 말씀하시길, 나는 열다섯 살에 공부에 뜻을 두었고 서른 살에 자립하였고 마흔 살에 남의 말과 상황에 현혹됨이 없었고 쉰 살에 세상의 보편적인 법칙을 체득하였고……." 공자孔子의 이 말은 한 사람의 인생에서 순차적으로 이루어야 할 과제를 친절하게 안내하며 오랫동안 우리 사회의 보편적인 이치로 기능했다. 개인적 삶의 동력이나 목표가 되는 긍정적 면도 있었으나, 나이마다 이루어야 할 과제가 정해져 있다는 뜻으로 곡해되었다. 하여 우리나라에선 20대에 명문 대학에 입학하는 것으로 배움은 종결되고, 40대에는 명품 아파트에 입주하지 못한

◆ **토머스 존스, 나폴리의 벽(캔버스에 유채/11.4x16cm/1782년)**
평범한 건물벽이 명작으로 다시 태어나듯, 학교 곳곳에 가득한 아이들의 낙서
또한 그들만의 의미 있는 그림으로 발전할 수 있길 바란다.

인생이라면 실패한 것으로 간주되곤 했다.

　내가 일하고 있는 이우학교는 입시 결과만 지향하지 않는 학교여서 그나마 숨통이 트일 만도 하지만, 고학년이 될수록 아이들의 표정이 경직되는 것을 막을 수는 없다. 졸업 이후 아이들이 마주할 세상은 자유롭게 꿈을 떨치고 싶은 소망과 으레 이루어야 한다고 강요되는 사회적 성공 사이에서 아이들을 갈등하게 만들 것이다.

　이런 상황에, 미술이 무슨 쓸모가 있을까?
　영국의 화가 토머스 존스Thomas Jones는 1782년 나폴리의 건물을 그렸다. 강렬한 빛에 바래고 비바람에 깎인 치장 벽토의 잿빛을 그대로 드러낸 건물이었다. 그것은 로마의 신전이나 르네상스 시대의 교회처럼 화려하거나 웅장하지 않고 너무도 평범한 것이어서 주목받지 못하던 광경이었다. 그의 그림은 평범하고 빛바랜 것의 아름다움을 보여 주었고, 마침내 서양 회화의 위대한 명작 중 하나로 자리매김하게 된다.

아이들 공책 구석구석, 미술실 책상 위에 빼곡하게 새겨진 낙서는 너무나도 평범하고 쓸데없는 것이어서 눈여겨볼 만하지는 않지만 아이들이 견디고 있는 인생살이의 증거이기도 할 것이다. 그 낙서 속에 담겨 있는, 그려 보고 싶은 마음들이 휘발되기 전에 언젠가 재미있게 그렸던 수묵 그림이나 아크릴 그림으로 발전할 수 있다면…….

문득 바라본 하늘엔 새하얀 뭉게구름이 아득하게 높이 솟아나 있었다. 나는 아이들에게 약속했다. "이번 여름, 제주의 석양과 바다를 그려 너희들에게 꼭 보여 줄게!"

겨우 미술 수업, 일개 미술 교사가 우리 사회가 고민하는 고르디우스의 매듭Gordian Knot을 풀지는 못할 것이다. 그러나, 아이들이 인생에서 언젠가 자유

◆ 노길상, 올해 여름(2023)
아이들에게 약속했던 제주 스케치.
아이들도 마음에 드는 풍경을 화폭에
담았으면 하는 바람을 가져 본다.

롭고 멋지게 표현하며 즐겼던 미술 시간을 상기하며 "그림 그리고 싶어!" 라고 외치고는 붓을 들 수 있게 만 한다면, 그 작고 사소한 행위가 우리 사회의 구원 을 알리는 첫걸음일지도 모를 일 아닌가!

이미지 출처

아래를 제외한 이미지는 작가가 직접 촬영하였거나
사진가로부터 제공받았습니다.

사진 출처

국립중앙박물관	16, 35, 40, 44
국립문화재연구소	47
평화문제연구소	38
위키미디어	72, 199

유물 소장처

국립중앙박물관	16, 35, 40
울산암각화박물관	44

세상의 모든 미술 수업

초판 1쇄 발행 · 2024년 2월 5일
초판 2쇄 발행 · 2024년 12월 13일

지은이 · 유홍준, 목수현, 우정아, 이성원, 김이삭,
　　　　　주리애, 송혜승, 김중석, 이재경, 노길상
펴낸이 · 황혜숙
편집 · 이혜선
펴낸곳 · (주)창비교육
등록 · 2014년 6월 20일 제2014-000183호
주소 · 04004 서울특별시 마포구 월드컵로12길 7
전화 · 1833-7247
팩스 · 영업 070-4838-4938 / 편집 02-6949-0953
홈페이지 · www.changbiedu.com
전자우편 · contents@changbi.com

ⓒ 유홍준, 목수현, 우정아, 이성원, 김이삭,
　주리애, 송혜승, 김중석, 이재경, 노길상 2024
ISBN 979-11-6570-241-0 03370